골프에 비즈니스적 해석을 담다

골프에 비즈니스적 해석을 담다

발행일   2022년 10월 18일

지은이   박세연
펴낸이   손형국
펴낸곳   (주)북랩
편집인   선일영   편집   정두철, 배진용, 김현아, 장하영, 류휘석
디자인   이현수, 김민하, 김영주, 안유경, 최성경   제작   박기성, 황동현, 구성우, 권태련
마케팅   김회란, 박진관
출판등록   2004. 12. 1(제2012-000051호.)
주소   서울특별시 금천구 가산디지털 1로 168, 우림라이온스밸리 B동 B113~114호., C동 B101호
홈페이지   www.book.co.kr
전화번호   (02)2026-5777   팩스   (02)2026-5747

ISBN   979-11-6836-529-2 03690 (종이책)   979-11-6836-530-8 05690 (전자책)

(주)북랩 성공출판의 파트너

북랩 홈페이지와 패밀리 사이트에서 다양한 출판 솔루션을 만나 보세요!

홈페이지 book.co.kr   •   **블로그** blog.naver.com/essaybook   •   **출판문의** book@book.co.kr

작가 연락처 문의 ▸ ask.book.co.kr

작가 연락처는 개인정보이므로 북랩에서 알려드릴 수 없습니다.

경영과 케미를 이루는 골프 이야기

골프에 **비즈니스**적 **해석**을 담다

박세연 지음

GOLF

 북랩

이 글을 쓰고자 마음을 먹게 된 이유는 코로나19 팬데믹pandemic에 영향을 받은 바가 크다. 대기업에서 35년간 회사인간會社人間으로서의 삶을 끝내고 그동안 쌓아온 지식과 경험을 토대로 여기저기 강의도 다니고, 논문도 투고하고, 가고 싶었던 해외여행도 다니며 나름 재미있는 제2의 인생을 지냈다. 그중에서도 회사에 다닐 때 정말 하고 싶었던 평일 골프도 마음대로 치게 되었다.

그러나 2020년 봄부터 시작된 코로나19 사태로 인하여 모든 것이 바뀌었다. 집합 금지 조치로 인하여 대면으로 진행이 되던 강의도 서서히 출강 요청이 중단되고, 해외여행도 갈 수가 없었다. 모든 모임이나 만남에 제약이 생겨서 개인이 임의로 의지를 가지고 외부 활동을 하는 것은 어려움이 있었다.

갑자기 혼자서 보내는 시간이 많아졌다. 다른 사람들과 어울려 뭔가를 하지 않고 홀로 지내는 시간이 이처럼 많다는 것을 처음 겪는 나로서는 정상적인 일상생활을 해나가는 것이 쉽지가 않았다. 강의를 위해 책을 읽을 때는 교재 슬라이드도 만들고 퀴즈도 생각해보는 등 목표가 있어서 집중이 되었는데, 혼자서 막연히 책을 읽거나 운동을 하는 것도 한계가 있었다. 결국 목표가 없으니 제대로 되는 것이 없다는 불변의 진리를 다시 한번 깨닫게 되었다.

뭘 할까? 뭘 목표로 할 것인가를 고민하던 차에, TV 영화 '자산어보'에서 나오는 정약전(배우 설경구 분)의 이야기가 귓전에 스쳤다.
"방안에 책과 먹이 있으면 붓을 잡게 되어있다."
아하! 바로 이거야.
"방안에 책과 노트북이 있으면 글을 쓰게 되어있다."
3년여 동안 잊고 있었던 글을 써야겠다는 생각이 들었다. 경영 담론과 같은 거창한 주제에 관해 쓰는 것이 아니라 내가 아는 분야에서 한번 글로 남기고 싶은 내용을 찬찬히 음미해보자는 생각이 들었다. 그러면 뭔가 머릿속이 정리가 될 것이고 얼마 동안 스스로 목표를 가지고 개인 활동을 할 수 있다는 생각이 들면서 갑자기 열정이 샘솟는 느낌이 들었다.

어떤 주제로 글을 쓸까? 여러 가지 고민을 하다가 15년 동안 시간과 노력을 들이면서 배우고 느낀 골프에 대해서 한번 정리를 해보자는 생각이 들었다. 내 인생에서 골프에 투입한 시간을 대학교에서 공부한 시간으로 계산해보면 박사학위를 충분히 받을 수 있는 시간이라고 여겨졌다. 일주일에 한 번 라운드를 나가면 평균 9시간 이상 소요되는데,

이는 일주일에 3학점 3과목을 수강하는 것으로 대학교를 4년 만에 졸업하는 시간과 같다. 골프 구력 15년이면 박사학위를 받고도 남을 시간이다.

나는 골프선수나 티칭 자격이 있는 전문가가 아니라 50대가 될 무렵에 뒤늦게 골프를 배운 전형적인 주말 아마추어 골퍼이다. 그래서 골프 스윙과 관련된 전문적인 골프 이론을 말하고자 하는 것이 아니라 흥미를 가지고 즐겁게 골프를 치면서 느껴왔던 생각들을 그동안 회사 경영과 인생을 통해 배운 경험과 살아오면서 얻은 지식에 덧붙여서 나만의 골프 이야기를 전개하고자 하였다.

참고로 이 글을 읽는 독자분들의 이해를 돕기 위해 몇 가지 부연 설명을 한다.

첫째, 이 글에 나오는 아마추어, 주말 골퍼, 플레이어, 동반자, 고객, 내장객 등은 일반적인 아마추어 골퍼와 동일한 개념이나 문맥 등을 고려하여 적절히 표현하였다.

둘째, 내용 중에 약간의 견강부회(牽強附會: 이치에 맞지 않는 말을 억지로 끌어 붙여 자기에게 유리하게 함)적인 비유가 있을 수 있으나 작가의 창의적인 생각으로 봐주시기를 희망한다.

셋째, 내용 전개에 생동감을 주기 위해 그동안 라운드를 하면서 직접 촬영한 개인 사진과 모아온 그림 파일들을 삽입하다 보니 본의 아니게 필자의 얼굴이 간혹 나오는 것에 대해 이해를 구한다.

골프에 비즈니스적 해석을 담다

매번 글을 쓰고 나면 항상 뭔가 부족하다는 생각이 든다. 일부 내용에 있어서는 골프에 대한 전문지식이 많은 분이 보면 해석의 여지가 있거나, 독자 각자의 입장에서 필자와 생각을 같이하기 어려운 부분이 있을 수도 있다는 점에 대해 미리 양해를 구한다. 이런저런 보완을 하다 보면 끝이 보이지 않기에 이 정도에서 노트북을 닫는다.

끝으로 다시 태어나도 그녀를 선택할 수밖에 없도록 38년 동안 나의 부족한 부분을 채워준 나의 아내 '순득', 나의 버팀목인 '혜령'과 '형락', 희망과 즐거움을 주는 '민재'와 '민호'에게 사랑한다는 말을 전한다.

2022년 10월,
광교에서 원천호수를 바라보면서

박세연

나에게
삶의 지혜를 나누어준
모든 분들과

사랑하는 나의 손자
민재와 민호를

기억하며……

목차

제1장 골프의 시작   17

제2장 실전 라운드

제1장

골프의 시작

"골프에 나이는 없다.
몇 살에 시작하더라도
실력은 늘어난다."

- 벤 호건(William Ben Hogan) -

골프를 시작하게 되는 계기

"어떤 상황에서도 포기하지 마라, 절대 그만두지 않겠다고 결의하라."

- 잭 니클라우스 -

에피소드 1: 한쪽만 있는 골프장갑*

1998 봄으로 기억이 된다. 아침 회의가 끝나고 자리에 돌아오니 책상 위에 조그마한 선물꾸러미가 하나 놓여 있었다. 팀원 중 한 명이 옆 부서 박차규 과장이 호주 출장 다녀와서 가져온 선물이라고 하였다. 포장을 풀어보니 왼손 장갑 한 짝이 들어있었다. 이리저리 둘러보아도 오른손 장갑 한 짝을 도저히 찾을 수 없었다. 아니 선물을 주려면 제대로 줄 것이지 장갑을 한 짝만 주다니 하면서, 혹시 무슨 착오가

---

*   에피소드 1, 2는 필자가 쓴 에세이집 '부장님 댁이 어딥니까?'(1999)에서 일부 내용을 인용함.

있었는지 확인하기 위해 박차규 과장에게 전화를 했다.

"박 과장 혹시 가방 안에 장갑하나 빠진 것 없어요? 아침에 놓고 간 선물 중 오른손 장갑이 없어서 전화를 했습니다." 그러자 박차규 과장은

"아니, 팀장님 그건 골프용 장갑인데요. 원래 왼손 하나밖에 없는 겁니다."

"오, 그래요?" 하면서 나는 슬며시 수화기를 내려놓았다.

그날 이후 내 주변에서 골프 이야기만 나오면 이 이야기가 제일 먼저 가십gossip 거리로 올라왔다.

나이 마흔이 넘어 사회생활도 15년 정도 되자 친한 친구들을 만나면 심심찮게 골프 이야기가 나왔다. 일간지 스포츠면에도 골프에 관한 내용이 꾸준히 기사화되어 나의 관심을 자극하고 있었다. 이즈음 내가 골프를 시작해야겠다고 마음을 먹은 것은 1998년 7월에 US여자오픈 대회에서 박세리 선수가 우승한 것이 촉매가 되었다. 연장전 18번 홀에서 박세리 선수가 신발을 벗고 물속에 들어가서 샷 하는 장면을 TV를 통해 라이브 중계로 보면서 골프에 대한 환상과 관심을 갖는 계기가 되었다. 그날 우승으로 박세리 선수가 월드스타가 되자, 나와 성이 같고 가운데 돌림자도 '세' 자여서 나는 '세리 오빠'라는 별명을 추가로 얻게 되었다.

여하튼 골프 문외한이었던 나를 보고, 먼저 경험한 선배들이 이구동성으로 한마디씩 하였다.

1998년 US여자오픈 연장전. 박세리 선수가 18번 홀에서 연못에 종아리가 잠긴 상태로 트러블 샷을 하는 장면이 아직도 기억에 생생하다.(미국골프협회 홈페이지www.usga.org/content/usga/home-page/championships/history-timeline.html#!&m=a370e72c1993)

"허리가 돌아갈 때 배우는 것이 좋아."

"평생 할 수 있는 운동은 골프밖에 없어."

"나이 들어 체면상 칠 수밖에 없을 때는 못 배운 걸 후회하지."

"초록 필드에 나가보면 생각이 달라질 걸."

그래 한번 배워보자. 배워서 남 주는 것도 아니라는 생각으로 결심을 굳히고, 어떻게 하는 것이 가장 골프를 배우는 지름길인지를 아는 사람 중심으로 여기저기 물어보았다. 골프를 이미 치고 있는 대다수의 사람들은 이구동성으로 "생각만 하다가는 안 돼, 무조건 저질러 놓고 보는 거야"라는 조언을 했다. 며칠 후 나는 퇴근하자마자 바로 집 앞에 있는 골프연습장으로 가서 3개월 회원으로 등록하였다.

골프에 비즈니스적 해석을 담다

에피소드 2: 실패로 끝난 마흔 살의 시도

골프연습장에 등록을 하자 주위에서 "이왕 골프를 배우기로 하였다면 본인 클럽을 한 세트 가지고 있어야 한다"라고 이야기를 하였다. 그런데 필자의 월급으로는 클럽을 사는 비용이 만만하지 않았다. 당시에는 골프클럽을 대부분 수입에 의존하였고 골프에 대한 인식이 호화사치 운동으로 간주되어 골프클럽에 특별소비세와 수입관세가 많이 부과되어 가격이 매우 비싼 편이었다. 해외출장이라도 나가게 되면 드라이버 좋은 것 하나 사서 관세를 물지 않으려고 중고 채로 둔갑시켜 가지고 들어오는 것이 자랑스러운 영웅담이 되었다.

초보자로서 중고 채 정도 적당한 수준에서 마련해보려고 이런저런 궁리를 하고 있던 차에 어느 날 김찬호 부장이 나를 불렀다. "박 팀장 요새 골프에 입문했다던데, 오늘 아침 신문을 보니 M사가 국산화에 성공하여 클럽을 수출도 하고 초보자가 쓰기에 적당한 것 같은데, 참고하세요" 하면서 신문광고를 보여주었다. 그리고 지난 주말 이 회사 드라이버를 쳐 볼 기회가 있었는데 반발력도 좋고 쓸 만하다는 이야기도 덧붙였다.

신문광고를 오려서 집으로 가져와 여러 가지 고민을 한 후, 수입품 대비 가격이 매우 저렴해서 가성비가 있어 보여 이 기회에 클럽을 장만하자는 생각이 들어 M사에 전화를 했다. M사는 주문 제작하므로 나의 체중, 신장, 그리고 일천한 나의 골프 경력 등을 묻고 대금 송금이 끝나면 제작에 들어가 3주 후에 받을 수 있다고 했다. 3주쯤 지난 어느 날, 퇴근을 하고 집에 가니 골프채가 택배로 도착해 있었다. 기대하던 클럽을 받은 기쁨으로 포장을 풀고 드라이버, 우드, 아이언 세트를 순차적으로 하나씩 확인을 하였다.

그런데 이상한 점이 발견되었다. 드라이버와 5번 우드는 정상적으로 있었다. 그러나 아이언 세트는 주문 당시 9개인데, 총개수는 맞으나 1번과 2번 아이언은 없고 5번과 9번 아이언은 2개씩 들어있었다. 참 이상하다 싶어서 M사에 전화를 했다.

"여보세요, 저는 귀사의 골프채를 구입한 사람입니다. 아이언 세트가 잘못 배송된 것 같아 문의를 드립니다"라고 하면서 내가 확인한 내용을 이야기했다. 그러자 전화를 받는 여직원이 웃는 목소리로 다음과 같이 말하였다.

"선생님, 원래 아마추어 골프 아이언 세트는 1번과 2번이 없고 3번에서 9번까지 7개가 있습니다. 그리고 선생님이 이야기하신 것 중에 영문 'S' 자와 영문 'P' 자가 고딕으로 표시되어 혼돈되신 것 같은데, S는 '5'가 아니라 샌드웨지의 약자이고, P는 '9'가 아니라 피칭웨지의 약자로 총 9개가 맞습니다."

이 말을 듣고 다시 확인을 해보니 실제로 여직원이 하는 말이 맞았다.

"아! 네, 맞습니다. 제가 착각을 했나 봅니다. 설명 감사합니다." 수화기를 내려놓았지만, 수화기 저 너머에서 그 여직원의 웃는 모습이 내 눈에 선하게 그려지는 순간이었다.

우여곡절 끝에 새로 장만한 골프채로 다음날부터 열심히 골프를 배우려고 노력을 하였다. 그러나 잦은 야근으로 인한 불규칙한 연습 기회

골프에 비즈니스적 해석을 담다

가 흥미를 잃게 만들었고, 아직 절박하지 않다는 내면과의 타협이 석
달 동안 열대여섯 번 정도 연습장에 나가고는 배우기를 그만두었다.

마흔여덟에 다시 시작한 골프

어떤 일이나 행동을 시작한다는 것은 무엇인가 계기가 있어야 한다.
살이 쪄서 체중이 많이 나가 배 나온 것이 보기 싫고, 기존의 옷도 몸
에 맞지 않아 고민이 생기거나, 혹은 건강에 적신호가 켜져서 살을 빼
야 할 때, 운동을 시작하거나 다이어트 식단으로 체중을 조절하는 계
기가 되는 것이다.

SBS '힐링캠프, 기쁘지 아니한가'에 박인비 프로가 출연해 자신이 오
늘날의 골프여제가 된 계기를 다음과 같이 이야기하였다.[1]

"가족 모두가 골프광이다. 어릴 때부터 골프를 하라고 권유를 많이
받았고 골프장에 억지로 데려갔는데, 재미없어서 안 한다고 하다가 박
세리 선수가 US여자오픈에서 우승하는 걸 보고 시작했다."

마흔 살에 시도하다가 바로 그만둔 골프를 8년이 지난 2006년쯤에
다시 시작하고자 마음을 먹었다. 당시 마흔여덟의 대기업 부장급 나이
는 향후 몇 년 안에 임원 승진을 앞둔 중요한 시기였다. 이미 주위에
동료나 친한 분들이 대부분 골프를 치고 있었고 대화 중에 은근히 나
에게 골프 치는 것을 권하기도 하였다.

박세리 선수가 1998년 US여자오픈에서 우승하면서 당시 IMF로 마음고생하던 대한민국 국민들의 응어리를 확 풀어준 날이다. 원래 4일 경기인데 당시 규정으로 연장전 18홀이 다음날 열려 7월 2일에서 6일까지 5일간 경기하였다. 이후 서든데스로 20번째 홀에서 버디를 하여 우승하였다. 이 사진은 미국골프협회 홈페이지에서 가져온 것으로 당시 우승을 "Seminal Moment(중요한 순간)"이라 표현하고 있다.

그중 가장 와닿는 말이 "임원이 되기 위해서 골프를 배우는 것이 아니라 임원이 되고 나서도 골프를 치지 못하면 잘 어울릴 수가 없다"는 것이었다. 해석을 덧붙이면, 모임과 교제의 폭이 제한될 수 있고 비즈니스에 있어서 상대의 생각을 읽을 수 있는 기회가 줄어든다는 것이었다. 그뿐만 아니라 5시간 내외의 긴 시간을 같이하므로 평소에 언급하

골프에 비즈니스적 해석을 담다

기 어려운 인간관계, 가족관계, 음식과 취미 등 여러 가지 정보를 공유할 수 있다고 하였다. 이러한 권유가 나로 하여금 다시 골프를 시작하도록 하는 계기가 되었다.

골프연습장에 3개월 회원 등록을 하면서 지난번과 같이 중도에 그만두지 않기로 단단히 마음을 먹었다. 아내는 작심삼일에서 멈추지 말라고 하면서 신형 골프클럽 선물로 나를 격려해주었다.

일반적으로 골프를 시작하게 되는 계기

1990년대 말까지는 골프를 배워서 친다는 것이 쉬운 일이 아니었다. 당시에는 연습장 시설, 시간, 비용, 이동 수단 등 관련 여건이 용이하지 않았던 측면이 있었다. 그러나 2000년대 이후 최근까지 제반여건이 상당이 좋아져서 여러 가지 경로를 통하여 골프에 입문하기가 용이해진 것으로 판단된다. 골프를 시작하게 되는 계기는 여러 가지 경로가 있겠지만 일반적으로 세 가지 유형으로 구분해 보았다.

첫째, 타인의 권유와 본인의 기대치가 있어서 골프를 배우게 된다는 것이다. 아마 골프에 입문하게 되는 대부분의 사람들이 여기에 해당할 것으로 본다.

취업포털 인크루트가 2021년 직장인 564명을 대상으로 최근 인기 급상승 중인 골프에 대한 직장인 관심도와 이들의 골프 시작 계기(중복응답)

를 물었다. 가장 많은 응답은 동료와 상사 포함 비즈니스 관계자의 권유(43.2%)로 자의보다 타의로 인한 시작이 절반 가까이 됐다. 다음으로는 골프가 재미있어 보여서(33.7%), 운동을 하고 싶어서(27.9%), 가족 권유(20.0%), 직업상 필요(17.9%) 등이 뒤를 따랐다.[2] 이와 같이 직장에서는 타의에 의해 골프를 배워야 할 필요성을 느낀다고 하는 사람들이 약 43%인데, 이유인즉슨 상사, 거래처 등과의 관계를 향상해 업무에 긍정적인 영향을 미치도록 하는 데 목적이 있을 것으로 판단된다.

산업 및 조직심리학자인 빅터 브룸Victor H. Vroom은 "인간이 어떤 행동을 하려고 할 때 그 행동에서 자신이 어떤 결과를 얻을 것인가를 기대하고 그 기대에 따라 행동의 실행 여부를 결정한다"라는 기대이론expectancy theory을 제안하였다.[3] 열심히 일을 하면 성과를 내고 성과에 따른 승진이나 연봉 인상과 같은 보상이 있을 것을 기대하여 동기부여가 된다는 이론으로, 골프를 배움으로써 인간관계를 넓히고 이것이 본인의 직무 수행에 있어 도움이 될 것이라는 기대감이 골프를 하게 되는 계기가 되는 것으로 이는 기대이론이 지지하는 바와 같은 측면이 있다.

둘째, 스크린 골프 활성화 등 골프를 배우는 진입 여건이 용이해진 점이다.

㈜골프존이 2017년 국내 골프 인구 조사 결과, 국내 골프 인구는 469만 명으로 6년 연속 연평균 11.6%의 성장률을 나타내며 지속적으로 증가하고 있는 것으로 조사됐다. 무엇보다 최근 1~2년 사이 신규 골퍼 유입 비중이 34.0%로 증가하며 골프 인구수가 늘어났다. 이러한 구력 2년 이하 신규 골퍼들의 골프 이용 현황을 보면 스크린 골프장 이

용 비율이 85.5%로 가장 높고, 스크린 골프장만 이용하는 이용 비율도 59.1%로 가장 높게 조사됐다.[4]

친구 따라 강남 간다는 말이 있듯이 친구와 함께 스크린 골프장에 따라가서 골프에 끌려 입문을 하게 되는 경우가 생각보다 많은 것 같다. 골프는 막연히 관심이 생겨 혼자서 시작하기는 쉽지 않은 운동이다. 필자처럼 주변에서 아는 사람들이 같이 권유하거나 혹은 덩달아 다니다가 시작하게 되는 경우가 흔하다. 특히 최근에 스크린 골프의 활성화와 실재감 있는 환경 구성으로 예전보다 시작하기에 비용 부담이 적고, 스크린 골프장에서 회식 등을 진행하는 문화가 새롭게 생겨나면서 MZ세대 사이에서도 골프에 대한 관심을 증대시키게 되었다고 생각된다.

셋째, TV나 SNS 등 영상매체의 발달로 골프 대중화에 영향을 받는 부분이 있을 것으로 판단된다.

한국 골프선수들의 세계적인 활약으로 골프에 대한 대중적 관심과 인지도를 높인 부분이 있다. 특히 미국여자프로골프협회LPGA 대회에서 한국 여자 선수들이 보여주는 활약은 실로 대단하다. 월요일 아침에 밤잠을 설치면서 생중계 방송을 봤다는 이야기를 주변에서 자주 하는 것을 보면, 골프에 대한 관심 증대와 대중화에 상당한 기여를 하였다고 본다.

또한 방송이나 인터넷 등을 통하여 골프를 쉽게 자주 접할 기회가 많아서 한 번쯤 배워보고 싶은 운동으로 자리 잡게 된 것일 수도 있다. 어느 정도 나이가 들고 사회생활을 하는 중장년층 스포츠로만 여겨지던 골프가 젊은 층에서도 호응을 얻으면서 각 방송사는 다양한 골프 예능프로그램을 선보였다. 2021년 5월 TV조선 '골프왕'을 시작으로 JTBC '세리머니 클럽', MBN '그랜파', SBS '편먹고 072(공치리)', MBC '전설끼리 홀인원' 등 다양한 콘텐츠의 골프 예능프로그램이 생겨났다는 것이 이를 방증하고 있다.

골프에 비즈니스적 해석을 담다

02

경제적으로 만만하지 않은 운동

"행복은 우리 자신에게 달려있다."

- 아리스토텔레스 -

프로 골퍼가 되기까지 많은 지원이 필요

2021년 11월 30일 한국여자프로골프협회KLPGA 주최 '2021 KLPGA 대상 시상식'에서 시즌 6승을 달성하고 단일시즌 누적 상금 15억 2천만 원을 받아 상금 부문 기록을 경신한 박민지 선수가 대상과 상금왕, 다승왕을 받았다.[5]

최저타수상을 제외한 3관왕이 된 박민지 선수도 돈이 없어서 골프를 배우는 데 상당한 어려움이 있었다고 한다. 박민지 선수의 어머니 인터뷰 내용을 보면 중학교 시절에는 골프 비용이 감당이 안 되었고 레슨비는 정말 엄두도 못 냈다고 한다.

"중요한 시기라서 레슨도 못 받는 게 무척 안타깝고 걱정이 많이 됐는데 주변에서 최경주 재단을 찾아가 보라고 알려주더라고요. 그래서 민지가 고등학교 1학년 때 국가대표 상비군 되고 나서 재단을 찾아갔죠. 어려운 가정 형편 알고 민지를 받아주신 분이 최경주 재단 선수 선발위원장이었던 이경훈 프로님이었는데, 그때부터 1주에 2회 무료 레슨을 해주셨죠. 덕분에 실력이 쑥쑥 늘고 고등학교 3학년 때 태극마크 달고 세계선수권대회 나가서 금메달까지 땄어요. 국가대표에 선발된 뒤부터는 돈이 안 들어갔어요. 오히려 합숙 수당을 받아오고 옷이나 클럽, 용품 지원되지, 또 코치가 레슨 다 해주지⋯. 정말 이때부턴 숨통이 좀 트이는 것 같더라고요."[6]

1년 안에 90타 치는 데 드는 비용

이처럼 프로선수로 육성되어 제대로 활동하게 될 때까지 많은 돈이 든다는 사실에서 알 수 있듯이 아마추어도 주말 골퍼처럼 골프를 즐기기 위해서는 생각보다 많은 비용이 발생한다. 일반인들이 골프를 처음 시작해서 1년 동안 들어가는 비용은 어느 정도일까? 1년 후 보기 플레이어 수준인 90타를 친다는 목표로 대략적인 비용을 추산해보기로 하자. 여기에서는 스크린 골프로 즐기는 수준이 아니라 실제 라운드 나가는 것을 전제로 하였다.

일단 골프를 치기 위해서는 골프클럽이 있어야 한다. 처음 시작해서 레슨을 받을 경우 연습장에 비치된 클럽 혹은 친구나 선배에게 물려받은 클럽을 사용해도 되나 여기서는 1년을 전제로 하기에 1년 안에 새 클럽을 구입하는 것으로 한다.

골프클럽의 가격은 제조사별로 차이가 많이 난다. 개인의 근력, 경제 능력, 기호 등에 따라 여러 가지 선택이 가능하지만, 초보자로 가정을 하고, 인터넷 등을 통한 여러 가지 가격을 조회해본 결과 드라이버 60만 원, 5번 우드 30만 원, 아이언 세트 140만 원, 퍼터 30만 원, 캐디백 40만 원, 총 300만 원이 든다. 물론 이보다 더 비싸거나 싼 장비들도 있지만 중간값 정도로 비용을 판단하였다.

두 번째로 연습을 위한 연습장 등록이 필요하며 스윙하는 방법을 익히기 위해 레슨을 받아야 한다. 골프는 처음에 교재나 동영상만으로 혼자서 배우는 것이 어렵다. 연습장 사용 비용과 레슨비는 지역과 수준에 따라 다소 차이가 크나 서울 등 수도권 기준으로 실내 연습장 월 22만 원, 실외 35만 원 수준, 레슨비용은 1회 30분(단일권) 6만 원이고, 묶어서 8회나 16회, 또는 그 이상으로 한 번에 등록한다면 단가가 저렴하다.[7]

이와 같은 자료를 근거로 추산해 보면 연습장 비용의 경우 한 달 평균 25만 원으로 1년 비용은 약 300만 원이 든다. 레슨의 경우 티칭프로냐 투이프로냐 등 레슨을 누구에게 받느냐에 따라 비용 차이가 나지만 보통 한 달 기준 8회 정도 레슨을 받는다면 평균 30만 원이 들며, 처음 필드에 나갈 때까지 3달 레슨을 받으면 90만 원이 소요된다. 실제로 라운드를 해보면서 연습과 라운드의 차이점을 수정하기 위한 실전적인 레슨을 3개월 정도 더 받을 필요가 있으나 여기서는 이를 생략하도록 한다.

세 번째는 골프웨어와 골프화가 필요하다. 골프웨어의 경우 4계절이 있는 우리나라의 경우 계절별로 착용 가능한 옷들이 모두 다르고 날씨에 따라 우의, 조끼, 바람막이 등 필요한 옷들이 추가 요구된다. 또한 양말이나 모자, 그리고 기능성 언더웨어도 같이 구매를 해야 하기에 어느 정도 여벌 옷이 비축될 때까지 상당 기간 돈이 지속적으로 들어간다. 골프화도 하나로 1년 내내 신을 수 없어 여분의 골프화가 필요하다.

골프웨어나 골프화의 가격은 기능성과 브랜드에 따라 그야말로 천차만별이기에 대략 계절 별로 100만 원으로 하고 1년 4계절 400만 원이 지출될 것으로 본다.

마지막으로 연습장에서 3개월 이상 어느 정도 레슨을 받고 나면 이제 실전 라운드를 나가야 한다. 우리나라 4계절을 고려 시 1년에 9개월 정도 라운드가 가능하다. 1월, 2월, 12월은 혹한기로 3개월은 정상적인 라운드가 어렵다. 주 1회면 한 달에 4번 라운드를 나가는 것으로 1년에 36회 라운드를 하는 셈이다. 1년 안에 보기 플레이어 수준인 90타를 치기 위해서는 이 정도 라운드 경험이 필요하다.

그러면 1회 라운드 비용은 어느 정도 지출이 될까 알아보자. 한국경제신문이 카드결제 시장 점유율 20.18%(가입자 2,050만 명)인 KB국민카드에 의뢰해 2020년 전국 골프장 결제 내역을 빅데이터로 분석한 결과를 보면, 현금으로 내는 13만 원 내외의 캐디피를 제외하고 골프장 갈 때마다 1인당 21만 8,000원 썼다. 주말 골퍼들은 평일 골퍼보다 5만 원 더 많이 나온 것으로 나타났다.[8] 여기에 더하여 캐디피, 식사비, 교통비 등 현금성 부대비용이 매회 인당 8만 원 내외로 추가되므로 주중 아마추어 골퍼 기준으로 1회 라운드에 약 30만 원이 소요된다. 이를 근거로 연간 라운드 비용을 계산하면 36회 X 30만 원 = 1,080만 원이다.

40년 지기 친구 4명과 1년에 12번 정도 공을 친다. 충북 청주시 인근에서 운동 후 식사를 하였는데, 1박 2일 일정이라 당일 운전 부담이 없어서 술을 한잔하면서 즐거운 시간을 보냈다. (2022.8.20.) 골프가 끝나고 뒤풀이하는 즐거움이 금상첨화錦上添花이지만 항상 예상하지 못한 추가적인 비용이 발생한다.

골프를 시작해서 1년 안에 90타 수준의 보기플레이어가 되기 위해 드는 연간 비용을 합산해보면, 골프클럽 구입 300만 원, 연습장 사용과 레슨비 390만 원, 골프웨어와 골프화 구입 400만 원, 라운드 비용 1,080만 원, 연간 총 2,170만 원이 필요하다.

이상과 같은 비용은 순수하게 골프 연습과 라운드에만 들어가는 직접비 성격이고, 골프를 치는 데 따른 간접비용이 추가로 발생을 하는데 이는 제외되어 있다. 볼과 장갑 등 소모품 비용, 별도로 이루어지는 오찬이나 만찬 비용, 주대 등 상호 교제비용과 같은 변동성 간접비가 있다. 상황에 따라서는 이러한 간접비용을 무시하지 못하는 경우가 발생하기도 한다.

골프는 만만하지 않은 운동

골프라는 운동은 1년을 치고 그만두려고 배우는 것은 아니다. 짧게 보아도 5~10년, 길게 보면 근력이 다할 때까지 평생 할 수 있는 운동이 골프이다. 그래서 실력을 어느 정도 유지하는 것이 중요하며 이를 위해서는 연습장이든 필드 라운드든 지속적으로 다니면서 본인의 핸디캡을 낮추거나 유지가 되도록 노력을 기울여야 한다.

연습과 경험을 쌓기 위해서는 골프 시작 후 5년 정도 처음 1년 비용약 2천만 원이 지속적으로 들어가게 된다. 물론 클럽 구입비는 매년들어가는 비용은 아니나 핸디캡을 줄이기 위해 연습량이나 라운드 횟

골프에 비즈니스적 해석을 담다

수가 늘어남에 따라 추가 발생하는 비용이 이를 상쇄한다는 가정하에 계산해보면 5년간 약 1억 원이 지출되는 것으로 계산이 된다.

골프를 치는 것이 '만만'하지 않다고 이야기하는 사람들이 많은데, 이는 **만**(10,000) × **만**(10,000) = **1억 원**의 돈이 든다는 뜻이며, 골프를 시작하면 어느 정도 칠 때까지 '**파란만장**'한 과정을 겪게 되는데 이 역시 **파란**(초록)색 **1만 원** 지폐 × **만장** = **1억 원**이라는 돈이 필요하다는 것을 의미한다.

혹자는 나는 그만큼 비용이 들어가지 않는데 무슨 비용이 그리 크게 발생하느냐고 의문을 가지는 분들이 있다. 이런 분들은 상대적으로 저렴한 9홀 퍼블릭 골프장에 가거나, 간혹 4인 무기명 회원권으로 회원 대우를 받거나, 캐디피, 식사비, 교통비 등에서 동반자의 배려로 무임승차를 하는 부분이 있어서 실질적으로 본인의 지출이 적게 느껴질 뿐이지 누군가는 발생 비용을 대신 부담하는 것이다.

골프는 경험에 소비하여 행복을 추구

최근에는 경험을 강조하는 스트리밍 라이프streaming life 추세가 강조되고 있다. 스트리밍 라이프는 소유 대신 구독과 경험을 더 중시하는 삶의 풍조를 말한다. 예컨대 렌털·구독 멤버십 등이 이에 해당하는데, 제품을 소유하는 것이 아니라 스트리밍 함으로써 다양한 경험을 얻는 데 중점을 두는 것이다.[9] 얼마나 더 많이 가졌는지 보다, 얼마나 더 많이 경험했는지를 중시하는 MZ 소비자를 대상으로 마케팅의 새로운 플랫폼 변화도 요구된다.

서울대 심리학과 최인철 교수는 "행복은 소유 자체를 위한 소비보다는 경험을 위한 소비를 했을 때 더 크게 다가온다"라고 했다.

"소비가 미덕인 시대를 살고 있다. 집, 차, IT 기기, 핸드백 등 구매욕을 부르는 물건들과 광고에 둘러싸여 있다. 손에 쥐지 못한 갈증이 때론 과욕을 부르기도 한다. 새것을 구매했을 때의 성취감과 만족감은 클 수 있지만 생명력은 짧다. 반면 경험(체험)은 영원히 기억 속에 살아 있다. 인생이라는 긴 여정 속에선 경험에 대한 지출이 더 많은 즐거움과 만족감을 선사하게 된다."[10]

경험을 위해 지출한 돈이 잘 쓰는 것이라고 하는 이유 중 하나는 경험이 관계를 형성한다는 점이다. 이러한 관계를 맺는 것이 사람을 더 행복하게 만든다는 것이다. 또한 사람들이 경험을 감성적으로 회상하는 경향이 있다는 사실을 이야기하고 있다. 해외여행을 다녀온 분들은 회상을 통하여 행복을 느껴본 적이 있을 것이다. 비소유자#nower 모임에서 "물건으로 채운 집이 아니라 스탬프로 채운 여권을 갖고 싶다. I'd rather have a passport full of stamps than a house full of stuff."는 말도 비슷한 유형일 것이다. 하지만 사람들이 자신의 소유물을 생각할 때 이러한 감성을 가지고 생각을 하는 것은 아니다.

골프를 치고 나서는 그날 있었던 여러 가지 일을 마음속으로 생각하게 된다. 장시간 같이한 동반자들과의 인간관계, 대화, 경치와 먹거리 등 여러 가지 함께 발생하는 것에 대해 사람들은 감성에 젖게 되고 이러한 경험에서 오는 행복을 느낄 때는 골프에 대한 효용가치는 올라가는 것이다.

행복해지기 위해서는 아침에 일어나서 설렘이 있어야 하는데 골프는 이러한 설렘이 들게 하는 운동이다. 하버드 의대 조지 베일런트 George Vaillant 교수는 1930년대 말에 입학한 268명의 졸업생을 72년 동안 추적 조사했다. 그리고 또 다른 두 그룹의 대상자들과 비교 추적하며 조사를 했다. 그가 이들 세 그룹에게 해마다 하는 질문이 있다.

"아침에 일어날 때 가슴 설레는 일이 있습니까? 있다면 그것은 무엇입니까?"

이 한 가지 질문만으로도 많은 것을 알 수 있었다. 아침에 눈을 뜨면 설레는 일이 있다는 것은 나이와 학력에 관계없이 행복한 사람들이다.[11]

자기가 좋아하는 일이 아침에 예정되어있다면 다가오는 설렘으로 인해 밤잠을 이루지 못하는 경우를 경험해 보았을 것이다. 초·중등학교 시절 소풍 가기 전날은 내일의 즐거운 소풍에 설렘이 일어나 밤잠을 설친 경험이 있을 것이다. 골프를 치는 사람들은 이미 경험으로 알고 있겠지만 내일 골프 라운드 약속이 있으면 설렘으로 인하여 잠을 설치기도 하고 약속 시간보다 훨씬 일찍 새벽에 일어나서 온 가족을 깨우기도 한다. 설렘이 있는 곳에는 우리의 뇌를 행복한 마음으로 각성시켜 몇 번을 잠에서 깨게 만드는 모양이다.

'GOLF'가 의미하는 것

● **Go Out Laugh Frequently**
(필드에 나가서 자주 웃어라)

● **Green, Oxygen, Light, Foot**
(푸른 풀밭에서 산소 마시고 햇빛 받으면서 발로 걷는 것)

● **Green, Oxygen, Leisure, and Friendship**
(푸른 풀밭에서 산소를 마시고 여가를 즐기면서 우정을 쌓는 것)

● **Go Out Live Fun**
(필드에 나가서 즐겁게 사세요)

*출처: 김남규의 골프영어http://www.golfzon.com/news/article/view/0/0/147447(2018.12.18.)

골프에는 다양한 의미가 담겨있다. 푸른 잔디에서 산소를 마시고 여가를 즐기면서 우정을 쌓는다는 내용에 공감이 간다.

취업포털 인크루트가 직장인 564명을 대상으로 2021년 11월에 최근 인기 급상승 중인 골프에 대한 직장인 관심도와 비용 투자 수준, 관련 생각 등을 알아보고자 설문 조사를 진행한 결과, 현재 골프에 투자하고 있는 응답자의 절반(50.0%)은 '약간 부담'이라고 했고, 19.5%는 '매우 부담'을 느낀다고 해 10명 중 7명 정도는 비용이 고민됨을 인정했다. 그럼에도 직장인이 골프에 시간과 비용을 투자하는 이유는 회사 동료, 상사 또는 비즈니스 관계자와 친목 도모(41.7%)와 친구, 지인과의 친목 도모(22.7%)가 가장 컸다. 직장인에게 있어 골프는 관계 유지에 더 큰 의미가 있다는 의미다.[12]

골프에 비즈니스적 해석을 담다

골프를 치지 않아서 부자가 되었다는 이야기를 들은 적은 없다. 골프를 비용으로 생각하고 돈을 쓰는데 부담이 되어 행복을 느끼지 못한다면 골프를 치지 않는 것이 당연하다. 그러나 비용이 아니라 경험을 쌓고, 대화를 나누고, 함께 교류하고, 관계를 증진하는 '행복'에 투자하는 것이라 생각한다면 다소 마음을 편하게 가지고 골프를 대할 수 있을 것이다.

심리적 요인이 크게 작용

"여러 가지 해저드 중에서 최악의 해저드는 두려움이다."

- 샘 스니드 -

경기력을 구성하는 요소

운동선수의 경기력을 구성하는 요소는 크게 기술, 체력, 전술, 심리로 이 4가지 요인이 중요하다. 경쟁자와 신체 접촉이 없는 대신 자신과 싸워야 하는 종목인 양궁과 사격은 심리가 차지하는 비중이 50%에 이른다.[13] 골프 역시 팀 단위가 아닌 개인전으로 진행되는 경우가 대부분으로, 방금 언급한 이 4가지 중 심리적인 요소가 중요한 편이다. 간혹 국가대항전이나 올림픽 단체전 경기에서는 국가 간 팀을 짜서 팀 전술을 구사하는 경우도 있으나, 이 역시 면밀히 보면 선수 개인의 경기 결과를 합산하는 것에 불과하다는 것을 이해하게 될 것이다.

경기력을 구성하는 4가지 요소와 골프의 연관성에 대해 좀 더 자세

히 살펴보자.[14]

기술은 운동 수행을 위한 동작의 패턴, 목표 달성을 위한 이상적인 몸의 움직임을 일컫는다. 골프에서의 기술은 크게 드라이버 샷, 아이언 샷, 어프로치 샷, 벙커 샷, 퍼팅 등으로 나눌 수 있다. 골프 기술은 각각의 지도자 별로 가르치는 방법과 내용에 차이가 있고, 최근에는 기술훈련을 위한 첨단 장비와 도구들이 즐비하게 출시되어 도움을 주고 있다.

체력은 건강한 삶을 유지할 수 있는 기본적인 신체 능력과 운동 수행 시 자신이 가지고 있는 기술을 잘 발휘하도록 만드는 신체 능력을 포함한다. 운동 수행에 필요한 체력을 나열하자면 근력, 순발력, 근지구력, 심폐지구력, 유연성, 민첩성, 평형성 등이 있다. 골프에서는 근력과 유연성이 좋은 사람이 그렇지 않은 사람보다 이점이 있다.

전술은 단체전의 경우 팀 훈련 또는 선수들과의 대화를 통해 감독이 팀에 소속된 선수 각자의 개성을 관찰하여 선수들에게 적합한 플레이 스타일, 포메이션, 경기 운영시스템 등을 확립한 후 경기 중에 선수들 모두가 하나의 공통된 생각을 가지고 최고의 플레이를 펼쳐서 승리할 수 있도록 설계하는 '경기 계획'이다. 개인전이 주가 되는 골프의 경우는 각 홀의 난이도, 거리 판단, 클럽 선택 등에 따라 공격적으로 할 것인지 아니면 보수적으로 할 것인지에 대해 선수마다 내부적인 전술 계획을 가지고 경기에 임한다.

심리는 성공적인 운동 수행을 위한 마음가짐 및 이상적인 심리상태를 말한다. 운동선수가 아무리 좋은 기술을 가지고 있고, 훈련을 열심히 한다 하더라도 불안감이 크고, 자신감이 부족하다면 자신의 능력을 충분히 발휘할 수 없다. 타이거 우즈Tiger Woods와 같은 유명 골프선수도 전속 멘털 트레이너를 두고 심리훈련을 해왔다.

2020년 6월 21일 인천 베어즈베스트 청라CC에서 열린 '제34회 한국여자오픈'을 우승한 유소연 선수(30)는 경기 후 인터뷰 '비하인드 스토리'에서 골프를 심적 부담 없이 가장 즐거운 마음으로 쳤을 때 결과가 잘 나왔다고 이야기하였다. (골프다이제스트 TV 2020.7.1.) 이날 우승으로 유소연 선수는 2009년 중국, 2011년 미국, 2014년 캐나다, 2018년 일본에 이어 한국에서 5번째 내셔널타이틀 대회 우승이라는 새로운 기록을 세웠다.

이상과 같이 경기력을 구성하는 요소는 크게 4가지이지만 종목에 따라 각 요인이 경기력에 미치는 중요도는 상대적으로 차이가 있다. 앞서 말한 바와 같이 사격이나 양궁 등의 개인종목은 심리가 체력보다 더 중요할 수 있으므로 우수한 경기력을 발휘하기 위해서는 반드시 체력과 기술만큼이나 심리적 능력을 향상하는 노력이 필요하다.[15]

골프에 비즈니스적 해석을 담다

골프도 개인종목으로 심리적 요소가 더 중요하다. 실전 라운드에서도 심리적 안정이 무너지면 공이 잘 맞지 않는다. 골프를 멘털 스포츠라고 하는 이유는 정상적이지 않은 감정을 느끼게 되면 스윙 리듬이 깨지고 불필요한 힘이나 동작이 들어가서 샷에 실수가 나오게 되기 **때문이다.** 그래서 라운드 중에는 동반자의 심리적 안정을 무너지게 만드는 언행에 유의해야 한다.

심리적 안정을 위한 연출된 감정

필자의 경우 스스로 판단하건대 약간 내성적인 성격이어서 동반자 중에 감정을 불편하게 만드는 사람이 있는 경우 공이 잘 맞지 않는다. 룰을 정해 놓고 내로남불 식으로 적용하거나, 캐디나 골프장에 대한 불만을 지속적으로 토로하거나, 플레이 속도가 현저하게 느린 동반자가 있어 빨리 진행해야 한다는 재촉을 계속 받는 경우에 감정적 동요가 일어나서 정상적인 샷이 어렵다.

감정은 실제로 느낀 그대로의 '감지된 감정felt emotion'과 외부로 '연출된 감정displayed emotion'으로 분리할 수가 있다. 감지된 감정이란 개인의 실제 감정을 말한다. 이에 비해 연출된 감정이란 주변 사람들에게 해당 상황에 알맞게 보이도록 요구하는 감정이다. 그러므로 연출된 감정은 원래의 감정이 아니라 학습된 감정이다.

새로운 미스 아메리카가 불리는 순간, 2등의 기쁜 표정은 패자가 자신의 슬픔을 숨기고 1등을 위해 기쁨을 표현해야 하는 연출 법칙dis-played rule의 산물이다. 마찬가지로 장례식장에는 고인에 대한 상실감 여부와 관계없이 애도를 표해야 한다. 그리고 결혼식장에서는 축하하고자 하는 마음이 없더라도 기뻐하는 모습을 보여주어야 한다.[16]

라운드를 하는 경우에도 연출된 감정을 표현해야 할 경우가 자주 발생을 한다. 티샷이 잘 맞았을 때 '굿 샷good shot' 잘 안 맞았을 때는 '낫 배드not bad'라고 하고, 상대방이 버디를 했을 때도 감지된 감정이 아니라 연출된 감정으로 하이파이브를 해주어야 하는 것도 감정을 잘 관리하는 방법 중 하나다.

가짜 감정을 연출해 보이기 위해 진짜 감정을 억누르는 것이 필요하다. 피상적 연기surface acting는 내면의 느낌을 감추고 연출 법칙에 따라 감정 표출을 삼가는 것이다. 자신이 전혀 그렇게 하고 싶은 느낌이 없더라도 동반자에게 웃음을 보여주는 것은 피상적 연기를 한 것이다. 피상적 연기는 자신의 진실한 감정을 감추어야 하는 만큼 더 큰 스트레스를 받는다.

라운드 중에는 이러한 감정조절이 중요하다. 감정조절의 핵심은 개별적으로 느끼는 감정을 확인하고 이를 수정해 주는 데 있다. 감정을 변화시키는 전략으로는 잘 맞은 샷 생각하기, 부정적인 생각 중단하기, 이야기 화제나 관심을 다른 곳으로 돌리기, 경치 감상이나 셀카 찍기, 연습 샷에 몰두하기 등의 방법이 있다.

골프에 비즈니스적 해석을 담다

대조효과로 인한 심리적 부담감

감정과 관련하여 또 다른 한 가지를 생각해 볼 필요가 있다. 매홀 티샷은 이전 홀에서 스코어가 좋은 순으로 티샷을 하게 된다. 2021년부터 골프 규정이 개정되어 준비된 사람이 먼저 치더라도 별문제는 없지만 그래도 가급적 이전 홀 스코어가 좋은 사람이 티샷을 하도록 한다. 각 홀에서 동반자 가운데 처음으로 티샷하는 사람을 '아너honor'라고 한다. 아너는 "당신에게 먼저 치는 영광을 드리겠다"라는 뜻으로 해석되기 때문에 "You have the honors"를 줄여서 하는 의미라고 알고 있다.

이렇게 골프가 잘 치는 사람 순으로 진행이 되면 뒤에 치는 사람은 라운드를 같이하는 팀에서 당연히 핸디캡이 높은 사람으로 마지막에 칠수록 심리적인 부담을 가지게 된다. 사실 어떤 경우에는 티샷을 끝낸 동반자들이 모두 카트에 타고 혼자만 남아 티샷을 하는 경우도 있다. **여기에서 심리적으로 대조효과contrast effects가 나타나게 되는데, 먼저 잘 친 사람보다 잘 치지는 못해도 비슷하게는 쳐야 한다는 심리적 압박감이 생기는 것이다.**

대조효과가 발생하는 사례로 회사 직원 채용 시 면접관이 다수의 피면접자를 대면하는 면접에서 어느 지원자에 대한 평가의 왜곡은 인터뷰 순서에서 지원자가 어디에 있느냐에 따라 발생할 수 있다. 그 지원자가 평범한 사람 다음으로 인터뷰를 하면 좋은 평가를 받을 수 있고, 반대로 우수하게 판단되거나 강한 인상을 주는 지원자 뒤에 인터뷰를 하면 낮은 점수를 받을 수 있다.

미	1	2	3	4	5	6	7	8	9	TOTAL
PAR	4	4	4	3	4	5	3	5	4	36
전**	1	1	2	0	1	0	1	2	2	46
함**	2	2	1	0	1	0	0	1	1	44
박**	0	0	1	1	1	0	1	1	0	41
박세연	0	-1	0	0	0	0	0	0	1	36

청	1	2	3	4	5	6	7	8	9	TOTAL	
PAR	5	3	4	5	4	4	3	4	4	36	72
전**	1	0	0	2	2	0	0	1	0	42	88
함**	1	0	0	2	0	1	0	1	1	42	86
박**	1	0	0	2	0	0	0	1	0	40	81
박세연	0	0	1	0	1	-1	0	1	0	38	74

라베(lifetime best score) 달성을 인식하는 순간 심리적 압박으로 인해 샷 실수가 나와 기회를 무산시키다가 5년 2개월 만에 1타를 줄여 새로운 라베 74타를 기록하였다. (2021.8.12.)

필자는 2007년 11월 2일 경북대학교 초청을 받아 강연을 간 적이 있었는데, 500여 명이 모인 강당에서 내 강연 바로 직전에 개그맨이자 연예인인 '서경석'씨가 강연을 하였다. 당시 대기업 부장이던 나로서는 이름 하나만 보더라도 벌써 저명도著名度에서 많은 차이가 있었고, 강연 주제도 필자의 경우에는 아주 딱딱한 취업과 관련된 고민스러운 이야기였으니 그날 강연을 진행하는 데 있어 대조효과로 인해 분위기를 끌어올리고 주의를 집중시키고자 굉장히 애를 먹은 적이 있었다.

'어제는 잘 맞았는데 오늘은 왜 안 맞지'라는 경험을 해본 적이 있을 것이다. 골프에서도 이전 라운드에서 성적이 좋았는데 다음 라운드에

골프에 비즈니스적 해석을 담다

서 성적이 좋지 않으면 대조효과가 나타나서 더 큰 실망감을 안겨주게 된다. 프로골퍼들도 마찬가지이다. 고진영 선수의 경우 2021년 11월 14일 LPGA 투어 펠리컨 챔피언십 3라운드에서 중간 합계 9언더파로 공동 11위에 올랐다. 그날 인터뷰에서 "지난 7개 대회에서 너무 잘했기 때문에 그만큼의 성적이나 결과가 나오지 않았을 때 가지는 실망감이 다른 때보다 큰 것 같다"라고 이야기했다.[17] 당시 세계랭킹 1위를 향한 다툼이 넬리 코르다Nelly Korda와 계속되고 있는 가운데서 3라운드에서 타수를 더 줄이지 못한 것에 대한 아쉬운 마음이 든 것은 직전 4개 대회 연속 우승으로 대조효과가 나타난 것으로 보인다.

감정에 영향을 미치는 요소

감정이나 기분이 좋고 나쁨, 즉 심리에 영향을 미치는 요소들은 어떤 것이 있는가? 특히 골프를 칠 때 부담을 주는 요소는 무엇인지 필자의 의견에 대해 독자분들의 경험을 바탕으로 함께 생각해보자.

(1) **개인 성격**: 내성적이냐 외향적이냐. 동반자와 본인의 성격이 너무 차이가 나면 영향을 받을 수가 있다. 초면인 동반자가 있거나 잡담 등 주변 소리에 민감한 경우가 있다.

(2) **라운드 목적**: 우정, 친목, 비즈니스 등에 따라 라운드에 임하는

기분이 달라질 수 있다. 친한 친구와 부담 없는 라운드는 더 긍정적 기분을 가져온다.

(3) **하루의 시간대**: '아침형' 혹은 '오후형' 그리고 야간경기에 따라 컨디션이 다르고 느낌도 달라진다. 아침에는 미세 근육이 덜 풀려서 샷이 제대로 되지 않는 경우가 있다.

(4) **날씨**: 화창한 날, 흐린 날, 비 오는 날, 눈 오는 날, 춥거나 혹은 더운 날 등에 따라 개인별 느끼는 감정과 기분이 달라진다. 특히 추운 날 여별 옷 등 보온 준비가 제대로 되지 않으면 좋은 결과를 내기 어렵다.

(5) **스트레스**: 스트레스가 고조되면 기분이 저하되어 부정적 감정을 갖는다, 티오프 직전에 긴박하게 처리할 일이 생기면 신경이 다른 데 쓰여 공이 잘 맞지 않는다.

(6) **수면**: 전날 숙면 여부는 다음 날 피곤함, 무력감을 동반하여 근육에 영향을 미칠 수 있다. 골프 약속이 예정되어있으면 전날 무리한 일이 생기지 않도록 일정 관리를 잘하여야 한다.

(7) **나이**: 나이가 들수록 여러 가지 경험이 많아져서 부정적 감정은 줄고 긍정적 기분이 지속되는 시간이 길어진다. 다만 세대별 문화, 생각, 언어 등에서 격차를 인정하는 것이 중요하다.

　　　　　　　　　　　　　　골프에 비즈니스적 해석을 담다

⑻ **성별**: 동성끼리 라운드하는 경우와 남녀 혼성으로 팀이 구성되어 치는 경우에 진행 방법 차이와 언행 등에 있어서 전체적인 라운드 분위기가 달라지는 경향이 있다.

04

핸디캡을 낮추기 위한 연습과 레슨 I

"골퍼의 스타일은 좋건 나쁘건 골프를 시작한 최초의 1주일 안에 만들어진다."

- 해리 바든 -

시작이 전부이다

기업의 경영이나 운동경기와 같이 치열한 경쟁이 일어나는 곳에서는 승부를 결정짓는 포인트가 점점 앞쪽으로 이동하는 특징이 있다. 예를 들어 100미터 달리기에서 승부처는 스타트라인에서 누가 얼마나 빨리 출발하느냐다. 다들 능력이 출중한 선수들인 까닭에 뛰는 능력이 엇비슷해지다 보니 예전에는 막판 스퍼트가 승부처였는데 조금씩 앞으로 당겨진 결과 이제는 스타트라인까지 오게 된 것이다. 실제로 요즘 경기를 보면 스타트가 좋은 선수가 순위에 드는 경우가 많다.

그런데 여기서도 우열을 가리기 힘들게 되다 보니 다시 승부처가 앞쪽으로 옮겨가고 있다. 스타트 라인에 서기 전의 훈련 강도가 비교할 수 없을 정도로 강해지고 있는 것이다. 타고난 재능으로 세계에서 가장 빠른 사나이가 된 우사인 볼트Usain Bolt조차 "죽을 것처럼 훈련한다"라고 토로할 정도이다.[18]

경쟁이 치열해질수록 시작부터 앞서가야 계속 앞서갈 수 있기에 이러한 선제전략front loading innovation이 필요하다. 초등학생의 선행학습이 좋은 사례일 수 있다. 미리 예습을 잘한 학생이 지속적으로 좋은 성적을 낼 수 있다는 것이다.

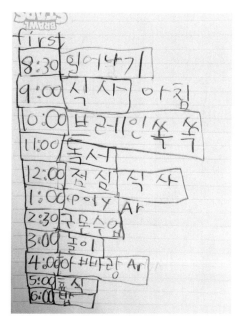

필자의 일곱 살 손자 '민재'가 수립한 하루 일과표이다. (2022.2.15.) 선행학습이 계획대로 진행되어 '선제전략'의 성과가 있었는지 여부에 대해서는 향후 10년 이상 지켜봐야 하는 시계열적 관찰이 필요하다.

선제전략은 어떻게 시작하느냐가 최종 결과에 미치는 영향력이 지대해지므로 초기 단계에서부터 충분한 시간과 자원을 투입해야 한다는 개념이다. 처음부터 제대로 하지 않아 시작에서 뒤처지면 계속해서 뒤처지고 그러다 보면 영원히 뒤처지게 된다는 것이다.

골프의 시작은 언제인가? 골프를 치겠다고 마음먹은 날인가? 행동으로 옮기기 위해 연습장에 등록을 한 날인가? 나는 이 모든 것이 시작이라고 생각하지 않는다. 골프의 시작은 필드에 라운드를 나가는 첫날이 시작이라고 본다. 골프의 시작은 실전 라운드로 시작이 반이 아니라 전부이다. 그 이전까지는 초보자도 아니고 골프를 어떻게 치는지를 배우는 과정이다. 학생 신분인 것이다. 그래서 골프는 학생 신분으로 처음 배우는 선행학습과정이 매우 중요하다.

골프는 처음 시작해서 일정 기간 동안 기본적인 공 맞추기(일명 똑딱이)부터 한 달 내외 지루함을 주는 레슨이 많아서 이걸 잘 견뎌야 한다. 특히 주변에서 같이 레슨을 받는 사람들을 보면 일주일이나 보름 먼저 시작한 사람들은 벌써 진도가 많이 나간 것처럼 보여 본인은 더욱더 시간이 가지 않는 것처럼 느껴진다. 그런데 이 지루한 시간을 견뎌내지 못하면 아무것도 이룰 수가 없다. 필자의 경우 32개월 군대생활을 하면서 '이 정도를 이겨내지 못하면 남은 인생은 어떻게 살아가지'라는 생각을 하면서 견뎌냈기에 전역 후 학업을 마치고 사회생활에 잘 적응을 할 수가 있었다.

골프를 배우는 골린이(골프와 어린이의 합성어) 시절 선행학습의 어려운 상황을 견디지 못하고 중도에 그만두거나 기초를 열심히 하지 않았던

골프에 비즈니스적 해석을 담다

결과는 어느 정도 기간이 지나 이를 고치려면 수십 배 이상의 노력과 시간을 투입해야 한다. 어떤 경우에는 영원히 고치지 못하는 경우도 있다.

품질관리에서 사용하는 품질 코스트 레버리지효과leverage effect '1:10:100'이라는 원칙이 있다. 제품 생산이나 서비스 제공에서 직원의 실수가 생산 전에 발생하면 수정 비용은 1이고, 내부 검사 단계에서는 10이지만, 고객에게 넘어가게 되면 교정 비용이 100이 든다는 것이다.[19] **처음에 올바르게 행하는 것이 중요하다**Do it right first time. **골프도 처음 배울 때 제대로 배우지 않으면 스윙 품질 불량으로 인한 레버리지 효과로 나중에 이를 수정하기 위해서는 100배에 해당하는 비용과 인고의 세월을 보내야 한다.** '견뎌야 쓰임새가 생긴다'는 말을 명심하고 등록한 연습장에 열심히 다니면서 처음부터 제대로 된 자세로 스윙 품질이 좋아지도록 노력해야 한다.

처음 시작하는 레슨

골프를 시작하고 1년 동안 배우고 연습한 실력이 평생 간다는 말이 있다. 나의 경험으로는 골프를 시작하여 레슨을 받는 3개월의 실력이 평생 간다고 말하고 싶다. 처음 배울 때 제대로 배우지 못하면 이후 대부분 90대 이상의 타수에서 헤매며 보기플레이 수준을 유지하기 어렵다. 처음 시작할 때 본인이 기초 레슨에 나태하게 대응하여 연습장 방문 횟수나 연습 시간이 줄어들거나 아니면 레슨프로의 지도하는 방법이 마음에 들지 않았을 때 이러한 문제가 발생한다.

'로마는 하루아침에 이루어지지 않았다'는 속담이 있듯이 골프 스윙도 하루아침에 이루어질 수는 없다. 적극적인 참여와 지속적인 레슨을 통하여 스윙이 안정화될 때까지 일정한 기간이 요구된다. 그러기 위해서는 연습장과 레슨프로의 선택이 중요하다.[20]

필자가 거주하는 아파트 단지에 디지털화된 골프연습장이다. (2022.4.9.) 각종 모드를 조작하여 개인 연습이나 스크린골프 게임이 가능하며 전문가에게 레슨을 받을 수 있게 되어있다. 가까운 곳에 좋은 시설의 연습장이 있으면 아무래도 연습 기회가 늘어난다.

골프에 비즈니스적 해석을 담다

첫 번째, 배우는 장소인 연습장 선정은 본인이 다니기 편한 곳이 최고다. 아무리 시설이 좋더라도 가는데 길 막히고 시간이 걸리면 가는 횟수가 줄어들게 마련이다. 우리의 마음속에는 항상 악마가 '오늘 길도 막히는데 하루 쉬면 좋을 텐데'라고 속삭인다. 처음 왕성한 열의도 거리가 멀면 날씨나 교통 여건에 따라 달라질 수 있으므로 연습 장소는 집이나 사무실 인근 등 본인이 접근하기가 편리한 곳으로 정해야 한다.

사실 필자의 경우도 수십 년 전 처음 골프를 배울 때 걸어서 20분 정도 걸리는 집 앞 연습장에 레슨 등록을 했는데, 처음 3개월 동안 일주일에 세 번 레슨을 받으러 오라고 했지만 야근과 회식 등 여러 가지 핑계로 한 번 나가기가 급급했다.

두 번째로 중요한 것이 좋은 레슨프로를 만나는 것이다. 처음에 좋은 분에게 지도를 잘 받으면 이것도 참 큰 복이다. 유명 프로와 계약을 해서 일주일에 한 번 보는 것보다는 이름은 크게 없어도 성실한 강사가 골프를 배우는 입문자 입장에서는 훨씬 낫다.

돌이켜보면 처음 나를 가르친 분이 들었으면 섭섭할지는 몰라도 잘 가르치지 못한 분으로 기억이 된다. 왜냐하면 내가 레슨을 받으러 가기가 싫었으니 말이다. 초보자가 알아듣도록 스윙에 대한 설명을 해주어야 하는데, 뭔 말인지 도대체 이해하기 힘든 용어로 어렵게 설명을 하니 귀속에 들어오는 내용이 하나도 없었다. 공을 잘 쳐서 수상을 많이 한 것과 잘 가르치는 것은 별개의 문제이다. 필자가 기대한 것은 국가대표선수 출신보다는 국가대표를 육성한 분에게 배우기를 희망했다는 것이다. 근자에 인기가 있는 '임진한의 전국 일주' 같은 프로그램을 보면 처음 입문한 사람에 대한 레슨이 왜 그래야 하는지 어렴풋이 이해할 것이다.

캐나다 심리학자 알버트 반두라Albert Bandura는 사람들이 어떤 상황에서 적절한 행동을 할 수 있다는 기대와 신념을 '자기 효능감self-efficacy'이라고 하였다.[21] 자기 효능감이 높을수록 성공할 능력에 대해서 더 큰 확신을 갖는다. 그래서 어려운 상황에서 자기 효능감이 낮은 사람은 노력을 덜 하거나 완전히 포기해 버릴 가능성이 많다. 레슨을 하는 분들은 배우는 사람이 자기 효능감이 낮아져 중도에 포기하는 마음을 먹지 않도록 해야 하는 것이다.

초보자의 경우 타이거 우즈Tiger Woods와 같은 뛰어난 골프 샷을 보아도 나는 저렇게 칠 수 있다는 확신이 증가할 수 없으나 나와 비슷하거나 약간 잘 치는 사람의 스윙은 칠 수 있다는 확신이 있는데 이것은 모델링을 통한 학습이 일어나기 때문이다. 이처럼 레슨 프로는 단계별 수준에 적합한 언어와 설명 그리고 동작 시범을 보여주어야 훈련을 받는 사람의 자기 효능감을 올릴 수 있는 것이다.

골프에 비즈니스적 해석을 담다

05

핸디캡을 낮추기 위한 연습과 레슨 II

"하루 연습하지 않으면 그것을 나 스스로 안다.
이틀을 하지 않으면 갤러리가 안다.
그리고 사흘을 하지 않으면 온 세계가 안다."

- 벤 호건-

공이 안 맞는 마지막 이유

조정민 목사가 한 말씀 중에 골프와 딱 맞는 공감 가는 이야기가 있어 이를 인용한다.

"기억한다고 제대로 아는 것이 아니고, 경험했다고 바르게 아는 것이 아닙니다. 내 기억과 내경험에 내가 가장 잘 속습니다."[22]

골프와 관련되어 한 말은 아니지만, 연습을 하지 않으면 내 기억과 내 경험에 가장 잘 속는 것이 골프라는 것을 콕 집어서 이야기한 것 같다.

골프를 치다 보면 공이 맞지 않는 이유가 108가지가 있다고 한다. 그래서 혹자는 이를 백팔번뇌百八煩惱라고 한다. 안 친 지가 오래되어, 전날 과음해서, 잠을 제대로 못 자서, 업무 스트레스로, 등산을 다녀와서, 아침을 못 먹어서, 어깨 통증으로, 집안일이 있어서 등 공이 맞지 않는 핑곗거리가 이루 말할 수 없다. 마지막으로 108번째 공이 안 맞는 이유는 '오늘 왜 이렇게 공이 안 맞지'이다. 사실 공이 맞지 않는 모든 원인의 첫 번째는 연습이 부족해서다.

골프는 지속적인 연습이 필요하다. 골프는 반복 학습으로 근육의 움직임을 뇌가 기억하도록 훈련해야 비로소 정상적인 임팩트가 가능한 운동이다. 무언가를 수없이 반복하게 되면, 많은 뇌 신경회로가 연결되어 관련 신경을 활성화한다. 이렇게 연결되면 전파를 통해 근육으로 명령을 내려 신체를 움직인다.[23] 일반적으로 우리 몸의 근육은 3일을 연습하지 않으면 그동안 익혀 놓았던 루틴이 장기기억에서 사라져 동작을 기억하지 못한다고 한다. 연습장에서 연습을 한다는 것은 루틴을 유지하거나 보다 나은 루틴을 기억하도록 만든다는 것이다.

우리가 타이프를 잘 친다는 것은 평상시 타자기 건반에 정확히 각각의 손가락이 가는 것을 미리 연습해놓는 것이다. 내일 타자 자격증 시험이 있다고 오늘만 열심히 타이프 연습을 한다는 것은 다소 도움은 될 수 있으나 지속적인 실력이라고는 평가할 수는 없다. 그래서 평상시 꾸준한 연습을 통해서 루틴을 일정하게 만들어 놓는 것이 중요하다.

내일 라운드를 간다고 혼자 열심히 연습장에서 그물 '망을 치고' 가면 실전에서 '망치는' 경우가 자주 일어난다고 한다. 내일 라운드를 위해 오늘 연습장에 와서 연습을 한다 해서 스윙 루틴이나 샷이 바뀌는 것이 아니라 그동안 연습하지 못한 것에 대한 일종의 마음의 위안이라고 보는 것이 더 나을 것이다. 또한 혼자서 지속적으로 연습하는 것은 어떻게 보면 단순하게 근육을 단단히 하는 역기 운동과 같을 수도 있다. 잘못된 스윙 루틴을 고치는 것이 아니라 나쁜 습관을 고착시키는 근육운동만을 지속적으로 하는 것일 수도 있기 때문에 전문가의 지도가 필요하다.

아마추어의 어원은 '아~마추기 어려워'에서 나왔다고 필자는 늘 이야기한다. **공을 정확히 맞히는 빈도를 높여야 핸디캡을 줄일 수 있다. 공을 정확히 잘 맞힌다는 자신감을 가지기 위해서는 오직 연습뿐이다. 근육에 연습한 내용을 숙지시켜야 한다.** 시험을 잘 보기 위해 지식을 머리에 숙지시켜놓듯이 골프를 잘 치기 위해서는 연습을 통해 근육에 스윙 루틴을 숙지시켜야 하는 것이다.

연습도 지속적으로 하는 것이 중요하다. 동기부여 이론 중에 스키너 B. F. Skinner의 '강화이론reinforcement theory'이 있다. 유쾌한 자극을 주면 그 자극과 관련된 반응이 빈번해지고, 불쾌한 자극을 주면 관련된 반응이 감소하거나 소멸하게 된다는 이론이다.[24] 강화이론은 강화가 행동을 조작화 한다고 이야기한다. 어떤 개인이 어떤 행동을 취할 때 무슨 일이 일어나는지에 집중한다. 그러므로 강화는 행동을 강하게 하고 행동이 반복될 가능성을 증가시킨다. 골프에서 강화라는 것은 연습을 의미하며 연습을 통해 정타를 맞추는 유쾌한 자극이 동일한 행동의 반복을 가져올 수 있는 것이다.

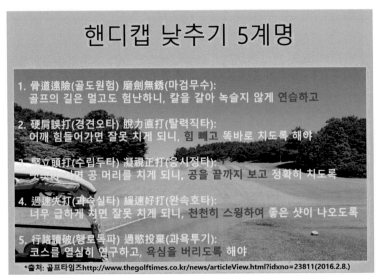

핸디캡 낮추기 5계명

1. 骨道遠險(골도원험) 磨劍無銹(마검무수):
골프의 길은 멀고도 험난하니, 칼을 갈아 녹슬지 않게 연습하고

2. 硬肩誤打(경견오타) 脫力直打(탈력직타):
어깨 힘들어가면 잘못 치게 되니, 힘 빼고 똑바로 치도록 해야

3. 竪立頭打(수립두타) 凝視正打(응시정타):
      며 공 머리를 치게 되니, 공을 끝까지 보고 정확히 치도록

4. 過速失打(과속실타) 緩速好打(완속호타):
너무 급하게 치면 잘못 치게 되니, 천천히 스윙하여 좋은 샷이 나오도록

5. 行路讀破(행로독파) 過慾投棄(과욕투기):
코스를 열심히 연구하고, 욕심을 버리도록 해야

*출처: 골프타임즈http://www.thegolftimes.co.kr/news/articleView.html?idxno=23811(2016.2.8.)

골프를 잘 치기 위해서는 몸이 녹슬지 않게 연습을 계속하라는 것이 5계명의 첫 번째이다.

명품과 짝퉁의 차이는 디테일에 있다. 겉모양은 비슷한데 세부적으로 자세히 보면 짝퉁은 소홀함이 드러난다. 필자가 가진 명품을 자세히 보면 열쇠, 고리, 박음질, 문양 등에서 확연한 차이가 있다는 것을 비전문가인 필자도 어느 정도 알 수가 있다. 골프 스윙에도 명품과 짝퉁이 있다. 스윙 모양이 동영상 흉내를 내기는 하는데 거리가 나지 않거나 방향이 맞지 않는 경우가 발생을 한다. 제대로 하체를 동반한 스윙이 되지를 않고 상체 중심의 짝퉁 스윙이 되어 손목이나 팔을 과도하게 쓰면서 거리도 나지 않고 방향 역시 일정하지 않게 된다. 명품 스윙과 짝퉁 스윙의 차이를 줄이기 위해서는 지속적인 연습밖에 없다.

골프에 비즈니스적 해석을 담다

레슨은 받아야 하는가

필자의 구력이 4년 정도 되는 시점에 공이 제대로 맞지 않았다. 여러 가지 여건상 그동안 연습장에 나가거나 레슨을 받을 수가 없었다. '자전거 1년 안 탔다고 못 타는 것은 아니잖아'라는 생각으로 대충 맞겠지 하면서 명랑골프를 치는 동안에 몸이 편하도록 변형된 스윙이 굳어져 버려 제대로 맞지 않았다. 마침내 문제가 있다고 인식하고 샷을 수정하러 연습장에 등록을 하였다. 30대 후반의 젊은 코치가 스윙 교정 레슨을 하였는데 결국 얼마 가지 못해서 레슨을 그만두었다.

"허리가 제대로 돌아가지 않습니다."

"임팩트가 제대로 되지 않습니다."

"백스윙 탑이 플랫 합니다."

현상만 이야기하고 유연성 혹은 체력이나 나이를 고려한 지도나 개선 방법에 대한 처방이 명확하지 못한듯해서 레슨에 대한 의문이 많이 들었고 질문을 해도 답변하는 설명이 잘 이해가 되지 않는 것이 원인이었다. 가르치고 배우는데 서로의 신뢰와 믿음이 없으면 사실 레슨에서 얻을 수 있는 것이 없다는 것을 깨달았다.

골퍼 중에는 두 가지 유형이 있는데 레슨을 받는 사람과 받지 않는 사람이다. 여러 가지 이유로 레슨을 받지 않는 사람들은 그들이 레슨을 받을 필요가 없다고 생각하거나 스스로 스윙을 해결할 수 있다고 생각하기 때문이다. 골프 레슨을 받지 않는 사람들의 경우에는 이전에 좋지 않은 경험이 있거나 레슨을 다시 받는 것에 대한 두려움이 있기 때문이다. 이러한 경우는 대다수 서로 간의 소통 부재이거나 레슨프로가 수강생이 실행할 수 없는 종합적인 변화를 시도하는 경우에 일어난다.[25] 아마도 필자는 골프를 처음 배울 때 받은 레슨이나 중간에 샷 교정을 위한 레슨에서 좋지 않은 경험으로 인해 레슨에 대한 효과를 크게 보지 못 한 사람 중에 한 사람으로 생각된다.

골프 레슨을 받기로 한 골퍼들의 경우 어떤 레슨 프로를 선택할 것인가가 고민이다. 실제로 레슨 지도자를 만나기 전에 구전으로 잘 가르치는 사람을 찾는 것이 간혹 요긴하다. 레슨받은 적이 있는 골퍼와 이야기하거나, 내가 찾는 유형의 코치가 누구 인지를 물어보는 것도 방법이다. 모든 사람이 다르듯이 가르치는 철학이나 방법이 다 다르다. 이런 이유로 한 지도자를 선택하지 못하고 본인에게 적합한 다른 지도자를 찾는 경우가 있다.

유명한 선수들도 스윙 코치를 바꾸는 경우가 종종 있는데, 그러고 나서 몇 년간 성공적인 결과를 가져온다. 2021년 시즌 최고의 해를 보낸 여자골프 세계 랭킹 1위 미국의 넬리 코르다Nelly Korda도 그해 11월에 스윙 코치를 제이미 멀리건Jamie Mulligan으로 바꾸었다. 코르다는 "자신의 스윙에 대해 스스로 잘 아는 것도 중요하지만 지도를 받고 기댈 사람을 두는 것 또한 중요하다"라고 했다.[26]

학습에 있어 '소크라테스Socrates 방법'은 그리스의 철학자 소크라테스가 대화에서 사용한 교수법으로 문답을 주고받는 가운데 상대의 막연하고 불확실한 지식을 스스로의 힘으로 참되고 바른 개념으로 이끌어 내도록 하는 방법이다.[27] 학생들에게 무엇을 하라고 이야기하기보다는 대화 형식을 통해 스스로 깨닫게 하는 것을 말한다. 레슨이라는 것은 두 사람 간의 의사소통이지 선생이 말하는 것을 학생이 듣고 일방적으로 이해하는 과정은 아니다.

골프라는 운동을 하면서 골프와 관련된 책을 한 권도 사거나 읽은 적이 없다는 사람들이 가끔 있다. TV 프로그램이나 SNS에서 제공되는 동영상을 통하여 레슨이나 이론적 지식을 습득할 수도 있지만, 책에서 읽히는 정확한 표현이나 이론이 골프에 대한 이해를 증대시킨다. 사진은 필자가 가끔 공이 맞지 않았을 때 문제점을 확인하기 위해 보는 책이다.

가르친다는 것은 골퍼에게 변화를 주는 것이고, 수강생이 어떤 생각을 하고 무엇을 배우는지를 알게 해야 하고, 골프 스윙에 대한 수강생의 생각을 알도록 노력해야 한다. 레슨받는 입장에서는 모든 말과 지시를 그냥 따르지 말고 레슨프로에게 질문하고 내게 왜 이 동작을 요구하는지 물어보아야 한다. 레슨프로가 하는 말을 이해하지 못하겠다면 다른 방법으로 설명해 줄 것을 요청하고 코치가 묻지 않더라도 얼마나 자주 필드에 나가는지, 핸디가 어느 정도인지, 연습을 얼마나 자주 하는지, 목표 스코어가 얼마인지에 관해서 이야기해야 한다. 가르치는 사람은 레슨받는 당사자의 개인적인 목표와 그에 관련된 제반

사항 즉, 신체적 조건, 재능, 시간, 재력 등 모든 상황에 대해 이해할 필요가 있다.

마지막으로 레슨과 관련하여 레슨프로에게 가장 좋아하는 골프 지침서나 책이 무엇이 있는지 물어보는 것도 중요하다. 추천한 지침서나 책을 읽음으로써 레슨을 받을 때 그의 이론이나 접근방식에 대해 훨씬 더 잘 이해할 수 있다. 그 이론을 통하여 레슨프로와의 상호작용을 가져올 수도 있다.

06

골프에 대한 태도와 행동

"좋은 골퍼는 볼을 치는 동안 좋은 일만 생각하고 서툰 골퍼는 나쁜 일만 생각한다."

- 진 사라젠 -

태도의 특성과 골프

사람의 '태도attitude'와 '행동behavior' 간에는 인과관계가 있다고 일반적으로 사회심리학자들이 그러한 관계를 제시해왔다. 자신이 좋아하는 TV 드라마를 본다거나 물이 싫어서 수영장에 가지 않는 행동은 일상생활에서 당연하게 여겨진다. 이처럼 사람들이 '좋아하는 드라마' 혹은 '싫은 물'이라는 판단을 태도라고 한다.

태도는 어떤 대상(사람, 사물, 사안)에 대해 일관성이 있게 호의적/비호의적, 긍정적/부정적으로 반응을 나타내려는 학습된 선유경향learned-predisposition이라고 정의할 수 있다.[28] 여기에서 선유경향先有傾向이란

사람들이 특정 사실에 대하여 미리 갖고 있는 '선입견'이라고 해석하면
된다. 태도에는 몇 가지 특성이 있는데 이를 골프와 관련지어서 살펴보
면 다음과 같다.

(1) 태도는 지속성이 있다.

골프를 좋아하거나 골프를 통해 즐거움을 얻을 수 있는 경우에는
라운드를 계속 나가게 되면서 이를 지속하고 싶은 마음이 생긴
다. 일정 기간 혹은 계속해서 골프를 치겠다는 태도를 유지할 것
이다.

골프에 대한 태도에 따라서 행동 결과가 다르게 나온다. 우측 어린이는 미래에 소렌스탐Annika
Sorenstam이나 박인비 선수와 같은 세계적으로 훌륭한 선수가 될지도 모른다.

골프에 비즈니스적 해석을 담다

(2) 태도는 선천적인 것이 아니다.

날 때부터 골프를 좋아하면서 태어나지는 않는다. 연습이나 라운드를 통하여 골프에 대해 알아감으로써 골프에 대한 긍정적 태도를 형성하게 된다. 만약 체력적으로 문제가 있거나 골프를 접하는 과정에서 부정적인 외부 정보와 불편한 경험이 생기면 골프에 대한 태도가 바뀔 수도 있다.

(3) 태도는 방향성과 강도가 다르다.

골프에 대해 긍정적일 수도 있고 부정적인 태도를 취할 수도 있다. 심리학에서는 선호 방향이 다른 것을 '극성'이라 하는데, 이는 골프 라운드 경험을 통해 축적된 판단에 기인한다. 또한 골프에 대한 태도가 얼마나 강한가 혹은 약한가에 따라 자신의 태도대로 행동을 할 것이다.

(4) 태도는 직접 관찰할 수 없다.

태도는 정신적 상태이기 때문에 외관적으로 관찰을 할 수 없고 질문을 통해 간접적으로 추론할 수 있을 뿐이다. 골프에 대한 태도를 알기 위해서는 한 달에 몇 번 정도 연습을 하고 몇 번 필드에 나가는지 물어봄으로써 간접적으로 태도를 알 수 있다.

(5) 태도는 특정 상황에서 영향을 받는다.

골프를 치겠다는 행동에 대한 태도가 상황에 따라 변화할 수가 있다. 아주 편한 친구들과 라운드를 할 경우 9홀 퍼블릭코스를 가도 긍정적 태도를 가질 수 있지만, 비즈니스를 겸한 격식 있는 자리에 9홀 퍼블릭코스에 초대받은 입장이라면 그다지 긍정적인 태도를 보이기가 어려울 것이다.

행동이 태도를 형성: 인지부조화

태도가 행동을 유발한다는 앞에서의 명제는 여러 가지 측면에서 태도가 행동을 예측하지 못하거나 관련이 없는 경우도 발생한다. 시험 중 부정행위에 대한 태도를 질문하면 대부분 나쁘다는 태도를 견지하지만 실제 시험에서는 '링컨은 죽었어도 컨닝은 살아있다'라며 부정행위를 한다.

이러한 점에 착안하여 레온 페스팅거Leon Festinger는 오히려 '태도는 행동을 따른다'라고 하며 이전 이론에 대한 반론을 제기하였다. **자신이 했던 말과 행동에 모순을 보이지 않기 위해서 사람들은 자신의 태도를 바꾼다는 것이다.**[29] 독일 벤츠 차가 좋다는 태도를 가지고 있는 아들에게 아버지가 현대차를 사주게 되면 현대차도 나쁘지 않다고 아들의 태도가 바뀐다. 9홀 퍼블릭 골프장에 갔는데 코스가 회원제 골프장 대비 생각보다 좋고 그린피도 회원제 골프장의 50% 수준이라면 처음의 선입견은 약화되고 그 골프장에 좋은 태도를 가지게 된다. 이처럼 행동에 따라 태도가 바뀌는 것을 '인지부조화cognitive dissonance'라고 한다.

골프에 비즈니스적 해석을 담다

인지부조화認知不調和는 태도와 태도, 또는 태도와 행동이 서로 일관되지 않거나 모순이 존재하는 상태를 의미한다. 인간은 자신이 어리석고 모순되게 보이는 이러한 상태를 불편하게 여긴다. 이를 해소하기 위해 태도나 행동을 바꾸려 시도하는데, 이때 태도에 일치하도록 행동을 바꾸는 대신 행동에 일치하도록 태도를 바꾸는 현상이 일어난다. 즉, 인지부조화에 의한 자기 합리화를 한다는 것이다.[30] **자기 합리화를 통해 사람들은 부조화 상태가 최소화되는 안정된 상태를 추구한다는 것이다.**

인지부조화에 대한 자기합리화로 라운드 결과 공이 잘 맞지 않으면(행동) 영국 사람은 골프 교본을 다시 읽으려 하고, 미국 사람은 연습장에 갈 생각을 하고, 우리나라 사람은 골프클럽을 좋은 것으로 바꾸려고 마음먹는다는(태도) 우스갯소리가 있다. 이러한 심리를 이용하는 것인지는 모르지만 프로 숍에서 '5타를 줄여주는 퍼터'를 특판하고 있다. (전남 순천 파인힐스CC, 2018.7.28.)

물론 인지부조화의 상태를 완벽하게 피해 나갈 수 있는 사람은 아무도 없다. 담배가 건강에 해로운 줄 알면서 금연을 하지 않는다. 부모들은 매일 자녀에게 열심히 공부하라면서 자신은 책 한 권을 읽지 않는다. 또한 식사 후 양치를 제대로 하라고 말하면서 스스로는 그렇게 하지 않는다.

골프에서 인지부조화 감소

레온 페스팅거Leon Festinger는 인지부조화를 만드는 요소들의 중요도importance 수준, 개인이 그 요소에 미칠 수 있다고 생각하는 영향력 influence의 정도, 보상reward의 크기에 따라 인지부조화 상태에서 오는 불편함을 감소시키려는 강한 동기를 가지게 된다고 하였다. 골프에서도 이 세 가지 요소가 작용이 된다.

중요도 수준은 그린에서 퍼팅을 할 경우 사회적 중요도가 있는 인사나 자기 직장 상사가 퍼팅하면 티오프 전에 룰 미팅에서 약속한 거리보다 다소 멀어도 컨시드를 준다. 다른 동반자들과의 약속을 어겼지만 본인은 처신을 잘하였다고 흐뭇하게 생각한다.

영향력 정도는 일반적으로 골프 약속은 반드시 지켜야 하는 것이 불문율인데, 골프 약속을 한 4명 중 내가 가장 우월적 지위에 있어 영향력이 클 경우에 날씨가 좋지 않거나 더 중요한 약속이 생기면 당초

골프에 비즈니스적 해석을 담다

약속을 변경하거나 취소하면서 스스로는 '뭐 그럴 수도 있지'라고 이를 일반화한다.

보상의 크기와 관련하여 스트로크 게임에서 타당 얼마로 약간의 내기가 걸렸을 경우, 트리플 보기나 그 이상의 타수를 면하기 위해 무벌타 구제 구역이 아닌 지점에서 동반자가 보지 않을 경우 볼을 치기 좋게 옮기는 경우가 있다. 주말 골퍼 수준에서 이 정도는 별문제가 없다고 혼자만의 합리화로 불편함을 감소시킨다.

제2장

실전 라운드

"골프를 즐기는 것이
바로 이기는 조건이 된다."

- 헤일 어윈(Hale S, Irwin) -

07

클럽사용에서 느끼는 인생

"내 샷을 의심한 적은 있지만 내 클럽을 의심한 적은 없다."

- 잭 니클라우스 -

클럽 유형에 따른 연령대

골프는 일반적으로 네 가지 종류의 클럽으로 샷을 구사한다. 각홀 티잉 그라운드에서 긴 거리를 보내는 드라이버, 일반구역에서 온 그린을 위해 주로 두 번째 사용하는 아이언, 두 번째 혹은 세 번째 샷이 그린에 미치지 못했을 경우 온 그린을 위해 짧은 거리를 보내는 웨지, 그린에서 홀 인을 위해 스트로크를 하는 퍼터이다. 물론 상황에 따라서 우드나 유틸리티 클럽을 쓰기도 하지만 주로 이 네 가지 클럽이 사용된다.

필자가 골프를 치면서 느끼기에 골프클럽이 우리의 인생을 대변하는 것처럼 생각이 들었다.

드라이버는 거리가 우선이라는 30대 혈기 왕성함을 나타내고, 아이언은 우리가 살아가는 이 사회에서 중추적으로 올바르게 일하는 40대의 정확성을, 경륜 있는 삶으로 노후를 대비하기 위한 정교함이 필요한 50대는 웨지를 가지고 어프로치에 집중하고, 사회생활을 마감해야 하는 나이로 더 이상 물러설 곳이 없는 마지막 기회를 가진 60대는 퍼터를 잘해야 한다고 본다.

이미 사람들에게 널리 알려진 내용으로 공자 어록 중 논어 위정 편 4장에 '이립, 불혹, 지천명, 이순'이라는 말이 있다.[31] 이를 보면 나이대별 골프클럽과 유사하다는 생각이 들어 다음과 같이 나름대로 해석해 보았다.

이립, 서른 살에 학문이 성립되었고三十而立, 이는 드라이버로 골프 스윙의 기본을 확립立하였고,

불혹, 마흔 살에 의혹이 없었고四十而不惑, 이는 '너의 아이언을 믿어라'라는 광고 문구와 같이 아이언별로 거리에 의혹惑이 없었으며,

지천명, 쉰 살에 천명을 알았고五十而知天命, 이는 어프로치까지 완벽하게 해내는 하늘天의 경지에 이르렀으며,

이순, 예순 살에 한번 들으면 사리를 알았다六十而耳順. 이는 헤드업 방지를 위해 퍼팅의 결과는 귀耳로 들으라는 순리를 알았다.

드라이버 샷은 30대를 의미

　인생에 있어서 30대는 정말 청춘이다. **청춘은 낙관론으로 무장하고** (페어웨이 중앙에 공이 떨어질 것이다), **위험을 감수하며**(오비나 해저드 등 페널티 구역에 들어간다고 하더라도), **한계에 도전**(오직 장타가 나의 목표이다)**하는 자세가 필요하다.**

　아마추어 골퍼의 로망roman은 드라이버로 장타를 날리는 것이다. 이 사실에 대해서는 누구든지 동의할 것이다. 사실 드라이버 거리가 멀리 나가면 두 번째 샷 거리가 짧게 남아서 파 온 par on에 상당히 유리한 경우가 많다. 장타를 치는 사람들은 두 번째 샷을 핀 가까이에 붙여서 버디 할 확률이 높은 편이다.

　일반적으로 사람이 사물이나 사람 혹은 정보를 지각하는 데 있어서 모든 것을 인식하는 것이 아니고 필요한 부분만 우선적으로 선택하여 지각하는 것을 '선택적 지각selective perception'이라 한다. 회사에서 여러 부서가 함께 회의하면 각 부서장은 자기가 맡은 부분이 중요하다고 관심을 집중하는 경향이 있으며, 고등학생을 둔 학부모는 유치원 급식 개선 뉴스보다 대학 입시전형 방법 변경에 더 관심을 가진다는 것이다.

　30대는 아무래도 처음 골프를 시작하거나 입문한 지 얼마 되지 않아 골프 경력이 다른 나이대보다 적다 보니 드라이버에 가장 집중할 수밖에 없을 것이다. 그래서 모든 지각이 드라이버 샷과 관련된 정보가 집중적으로 인식되는 선택적 지각을 하게 된다. 어떤 종류의 드라이버가 탄성이 좋은지, 장타 치는 비법이 무엇인지. 누가 얼마를 보냈다는 거

골프에 비즈니스적 해석을 담다

리 등에 관심이 집중된다.

2021. 3.. 20.
애딘버러CC.
6번홀, 470미터,
파5, 티샷후
남은거리, 생애
345미터 최장타
기념

충북 청주 애딘버러CC 6번 홀 파5에서 필자가 친 티샷이 뒤바람에 내리막과 도로 바운스 행운을 타고 345미터를 날아가 생애 최장타를 기록하였다. 그린까지 125미터 남았다는 거리표시 깃대 옆에 떨어진 흰 공 위치에서 기념사진을 남겼다. (2021.3.20.)

아르코스 골프Arccos Golf는 2020년 2월 발간된 거리 보고서에서 2019년 연령별 남성 아마추어 골퍼들의 2천6백만 샷의 평균 드라이버 거리가 다음과 같다고 하였다. 물론 캐리carry 거리가 아니라 굴러 간 roll-out 거리를 합산한 것이다.[32]

10-19세	234.2 yards
20-29세	239.7 yards
30-39세	233.7 yards
40-49세	225.9 yards
50-59세	215.4 yards
60-69세	204.5 yards
70세 이상	190.4 yards

1 yard = 0.9144m로 10 yard는 약 9m.

이 자료를 근거로 보면 국가별 인종별 체격 차이는 있겠으나 드라이버 거리가 30~40대는 200미터를 약간 넘고, 60대를 넘어서면 180미터를 보내기가 쉽지 않다는 것이다. 나이 대비 간혹 장타를 치는 상대를 만날 경우에도 너무 기죽을 필요는 없다.

아이언 샷은 40대를 의미

서울대 소비트렌드 분석센터 김난도 교수팀의 연구에 의하면, 10대 자녀와 라이프 스타일을 공유하는 10대teenage 같은 X세대를 엑스틴 X-teen이라고 한다. 40대 엑스틴의 중심 세대인 1975년생의 경우 조직의 중간관리자로 5060 세대와 2030 세대의 가교 역할을 하고 있다. 엑스틴은 386세대로 구성된 위 세대와 조직에 유입되고 있는 새로운 세

골프에 비즈니스적 해석을 담다

대에 끼어 있다는 의미에서 '낀 세대' 혹은 '식빵 세대'로 불리기도 한다. 조직은 이들에게 감독을 맡으면서 선수로 뛰라는 '플레잉코치play-ing coach'가 되길 요구하고, 아래 세대는 이들을 '꼰대' 취급을 한다. 국내 한 광고대행사의 조사에 의하면 '꼰대'라는 단어를 가장 많이 검색해 보는 연령은 50대가 아니라 40대라고 한다.[33]

40대는 골프로 따지면 티잉 그라운드와 그린을 이어주는 가교 역할인 세컨드 샷을 해야 하는 '낀 세대' 처지이다. 세컨드 샷은 정확성을 요구한다. 이 샷이 정확하지 못하면 드라이버 잘 친 30대에게 미안하고, 다음 샷이나 퍼팅을 대기하고 있는 5~60대에게 불필요한 수고를 하도록 해야 한다.

아이언으로 친 모든 세컨드 샷이 반드시 파 온이 되는 것은 아니다. 양궁에서도 모든 화살이 과녁 중앙의 10점 골드에 명중되는 것은 아니다. 이미 잘못 쏜 7~8점의 화살에 신경 쓰지 말고 다음 쏠 화살에 집중해야 한다. 이와 같이 아이언 세컨드 샷이 결과적으로 미스miss가 나더라도 그 실패에 대한 태도를 어떻게 유지하느냐가 중요하다. 지금 한 번 잘못한 세컨드 샷이 18홀 전체의 실패가 아니기 때문이다.

실수로 파 온이 안 되는 어려움이 있어도 40대는 '존버(끝까지 버틴다는 투자 분야 은어)'해야 한다. 존버 후 어프로치를 잘하면 다시 만회할 기회가 있는 것이다.

어프로치 샷은 50대를 의미

어프로치 샷은 '**어! 프로**도 **치**기 어려운 **샷**'을 줄여서 하는 말이라고 필자는 늘 이야기한다. 그린 주변은 벙커bunker나 해저드hazard가 있을 확률이 높고 역결 잔디나 잔디가 제대로 자라지 않은 맨땅 등 예상치 못한 상황에 공이 위치하기 쉬워 샷이 여간 까다로울 수밖에 없다. 보통 30~50미터 이내의 짧은 거리의 샷이지만 어려운 샷이기에 신중을 기해야 한다. 작은 동작의 샷이라고 순간적으로 집중하지 않으면 공 머리를 치는 토핑topping이나 볼 뒤 지면을 치는 더프duff가 일어난다. 심지어는 볼이 클럽에 비껴 맞는 생크shank도 발생할 수 있다.

보통 세 번째 치는 어프로치 샷은 젊은 사람의 힘보다는 50대의 경륜으로 조절해가며 잘 쳐야 한다. 남아있는 기회가 그만큼 줄어들기 때문이다. 18홀 중에 가장 많이 구성되어 있는 파 4홀 기준으로 생각을 해보면 티샷과 세컨드 샷은 머리 쓸 일이 거의 없이 마음을 비우고 무심타를 날리면 된다. 오히려 너무 많은 생각을 하게 되면 샷이 정상적으로 되지 않을 가능성이 크다. '머리를 비우고 채에 몸을 맡겨라'는 식의 코치를 하는 이유도 여기에 있다. 그러나 어프로치 샷은 이와는 다르다. 파 온을 한다면 퍼터로서 마무리를 하지만, 파 온을 하지 못하면 세 번째 기회의 어프로치 샷에서 스코어가 결정 나기 때문이다. 세 번째 샷에서 실패를 하면 보기 혹은 더블보기라는 결과를 가져올 수 있어 치명타가 될 수 있다.

골프에 비즈니스적 해석을 담다

어프로치 샷을 실수하면 실수에 대한 아쉬움과 미련으로 "아이고 이 바보!"라고 하면서 자신을 자책하게 되고 이러한 심리적인 부담이 다음 샷에 영향을 미치게 되므로 매우 신중을 기해서 시도해야 한다. 어프로치 샷의 하나로 '칩샷'에 대한 기본적인 방법에 대해 고경민 프로가 설명하고 있다. (jtbc TV 2022.5.9.)

브루킹스연구소 수석연구원이자 저명한 언론인인 조너선 라우시Jonathan Rauch는 그의 저서 'The Happiness Curve'에서 다음과 같이 이야기하고 있다.[34]

"행복지수를 그래프로 그리면 10·20대에 행복했다가 40~50대에 바닥을 치고 다시 올라간다. 전 세계인을 대상으로 한 데이터 분석을 보면 놀랍게도 인생 만족도가 40대에 최저점에 도달했다가 나이 들수록, 특히 50 이후부터 반등하는 U자 모양이 보편적으로 나타난다. 행복의 핵심 변수 중 하나가 '나이 듦'이며 중년을 건너고 나면 다시 행복이 찾아온다는 경향이 나타난 것이다."

이처럼 50대에는 인생에서 가장 행복을 추구해야 할 시기인데 한 번의 실수로 회복하기 어려운 상황이 되면 너무나 안타까운 것이 아닌가? 50대는 잃을 것이 많은 나이여서 어프로치 샷을 실수하면 더욱 아쉬움이 크게 느껴질 수 있다. 정교한 어프로치 샷 하나로 잘못 친 두 번째, 세 번째 샷을 잊고 그린 위에서 행복한 결말이 그려지기를 희망한다.

퍼팅은 60대를 의미

퍼팅의 성공 여부는 홀컵에 볼이 들어가는 소리를 귀로 듣고 확인해야 헤드업을 방지하여 볼의 직진성을 유지할 수 있다. "나이가 들면 말은 아끼고 귀를 열어야 한다"는 인구人口에 회자膾炙되는 말에서 퍼팅의 지혜를 엿볼 수 있다.

우리 인생도 마찬가지이다. 인생의 후반부에 갈수록 실수를 하게 되면 패자부활을 할 수 있는 기회가 줄어들게 된다.

30살(드라이버 샷)에는 실패를 해도 다시 일어설 기회가 3번(아이언 샷, 어프로치 샷, 퍼팅) 있다. 40살(아이언 샷)에는 2번 정도 회생의 기회(어프로치 샷, 퍼팅)가 있다. 50살에는 어쩌면 인생에서 마지막으로 재기의 발판(어프로치 샷)을 마련할 수 있다.

그러나 60이 되면 인생에서 실패할 경우 새로운 기회가 부여되기는 어렵다. 체력적으로나 정신적으로 대미지damage가 크고 금전적으로나 시간적으로 회복하기가 어려워지기에 매우 조심스럽게 운영을 할 필요가 있다. 퍼팅은 마지막 기회인 것이다.

골프에 비즈니스적 해석을 담다

하버드대학교에서 정신분석가로 활동을 한 에릭 에릭슨Erik Erikson
은 연령대별 8단계 심리·사회적 발달단계 이론에서 65세 이상의 연령
층은 마지막 8단계 노년기로 '자아통합감 대 절망감ego integrity vs
despair'의 시기로 명명하고 있다. 노년기는 인생을 정리하고 돌아보면
서 삶의 의미에 대해 음미하고 이해하려는 노력이 중요하다. 이 단계를
잘 넘긴 사람은 삶의 통찰과 지혜wisdom를 얻는다. 자아 통합에 이르
지 못한 경우에는 자신의 삶을 수용하지 못하고 절망감에 빠진다. 간
혹 자녀와의 관계에서 회복할 수 없는 골이 있을 때 절망감에 빠지는
경우가 많다. 특히 아프지 않고 건강해야 자아 통합이 가능하다.[35]

건강해야 골프도 칠 수 있고 골프를 치면 건강을 유지할 수 있다. 대
한노인회 발표에 의하면 노인들에게 적합한 체육활동의 특성을 "고령
에 적합한 유산소 운동, 느리고 부드럽고 안전한 운동, 시간에 구애받
지 않는 여유 있는 운동, 인간관계를 넓혀주는 사교적인 운동"이라고
정의한다.[36] 이 정의에 적합한 운동이 바로 골프라는 생각이 든다.

08

티오프 한 시간 전에 도착

"시간을 지배할 줄 아는 사람은 인생을 지배할 줄 아는 사람이
다."

- 에센 바흐 -

시간을 선점하면 유리

필자에게 익숙한 시골 5일장에 가보면 노점상들은 좋은 길목을 차지
하기 위해 새벽부터 나와 자리를 잡는다. 자리를 잘 잡은 사람은 오전
에 가져나온 물건들을 거의 다 팔고 점심을 먹고 나서는 자리를 뜬다.
파장이 될 때까지 집에 가지 못하는 사람들은 늦게 나와서 좋은 자리
를 차지하지 못했기 때문이다.

손자병법에서 자주 인용되는 이야기가 있다. 전쟁터에서 미리 도착
해서 적을 기다리는 군대는 편하지만, 전쟁터에 늦게 도착해서 전투에
나서는 군대는 힘이 들 수밖에 없다. 월나라 왕 구천은 오나라 왕 부차

가 부왕의 복수를 위해 전쟁 준비에 여념이 없다는 말을 듣고 중신들에게 다음과 같이 이야기를 한다.[37]

"늦으면 다른 사람의 지배를 받고 앞서면 다른 사람을 지배한다고 했소. 나는 부차가 군사를 이끌고 오기 전에 그를 치고 싶소."

골프장도 이왕 와야 하는 곳이기에 미리 여유 있게 와서 라운드를 준비하는 것이 필요하다. 30분 먼저 도착하면 1타를 줄이고 1시간 먼저 오면 2타를 줄인다는 말도 있다. 시간을 선점하면 우위에 설 수 있다는 사실은 오래전부터 널리 주지된 사실이다.

재미있는 심리학 실험이 있다. 보통 영화관에서 팔걸이를 옆 사람과 같이 사용한다. 그런데 그것은 과연 누가 차지할까, 나이가 많은 사람일까, 여자일까, 남자일까. 모두 정답이 아니다. 팔걸이는 먼저 온 사람이 차지하는 법이다. 그 사람이 나이가 많든 적든, 남자이든 여자이든 상관이 없다. 먼저 도착한 사람은 팔걸이를 독차지하고 여유 있게 다리를 뻗고 앉는다. 그리고 나중에 온 사람은 왠지 거북함을 느끼면서 몸을 웅크리고 조심스럽게 앉을 수밖에 없다.[38]

이것은 비즈니스에서도 마찬가지이다. 비즈니스에서는 항상 먼저 도착한 사람이 심리적으로 상대방을 위압한다. 먼저 도착했다는 사실이 강점으로 작용하기 때문이다. 약속 시간에 늦지는 않았더라도 상대방보다 늦게 도착하면 "기다리게 해서 미안합니다"하고 고개를 숙이게 되니, 참으로 신기하지 않은가. 시간에서 밀리면 심리적으로도 밀린다.

티오프까지 생각보다 많이 소요되는 시간

골프는 시작 시간이 정해져 있는 운동이다. 티오프 시간에 맞춰 동반자와 라운드를 같이 시작해야 한다. 그래서 지각하는 결례를 저지르지 않기 위해 골프장에 여유를 가지고 도착하는 것이 중요하다. 특히 수도권의 경우 언제 어디에서 교통정체가 발생할지 아무도 예측할 수가 없다. 중간에 예기치 못한 사고라도 한번 발생하면 도로상에서 30분 정도는 그냥 지나가 버린다. 모든 경우의 수를 고려하여 티오프 1시간 전에 골프장에 도착한다는 생각으로 출발하는 것이 좋다. 그리고 골프장에 도착을 하면 다음과 같은 여러 가지 프로세스로 인해 실제로 생각보다 더 많은 시간이 소요된다.

전남 순천 승주CC(현, 포라이즌CC) 클럽하우스 리뉴얼공사 준공기념으로 운영위원회 명의로 설치한 시계탑이다. (2017.11.21.) 골프장 시계를 보면 가끔 5분 정도 빠른 것 같은데, 이는 원활한 진행을 위해 티오프 시간보다 약간의 여유를 가지고 첫 홀 티잉 그라운드에 도착하라는 골프장의 세심한 배려(?)라고 한다.

골프에 비즈니스적 해석을 담다

첫째, 클럽하우스에 도착하여 캐디백을 하차하고 주차장에 주차를 마치고 클럽하우스로 돌아오는 시간(1부 손님이 나가지 않아 주차난이 발생하거나 늦게 도착한 경우에 대비).

둘째, 클럽하우스 프런트에서 참석자 서명 등 라운드 등록을 하고 로커를 배정받는 시간(단체팀이 내장하거나 주요 시간대는 등록 대기행렬이 길어서 예상외로 시간이 소요됨).

셋째, 로커룸에서 골프 복장으로 환복을 하고 골프화 착용 후 선크림을 바르는 등 라운드 준비시간(라운드 전 샤워 혹은 화장실 사용으로 인해 시간이 추가적으로 소요되기도 함).

넷째, 개인별 스트레칭, 퍼팅 연습장에서 퍼터 연습, 드라이버나 아이언으로 스윙 연습 등 사전에 몸 푸는 시간(티오프 시간 최소 10분 전에 볼, 장갑, 티, 마크, 그린 보수기 등 라운드에 필요한 준비물을 챙긴 후 카트에서 대기).

그런데 시간 여유가 없이 늦게 도착을 하면 여러 가지 준비단계 프로세스를 생략해야 하고, 혼자서 허둥대다가 첫 홀 티잉 그라운드에서 급하게 티샷을 하게 되면 아무래도 리듬이 깨져서 정상적

5.3a

라운드를 시작하는 시점

플레이어의 *라운드*는 플레이어가 자신의 첫 번째 홀에서 첫 번째 스트로크를 할 때 시작된다(*규칙 6.1a* 참조).

플레이어는 반드시 위원회가 정한 출발 시각(그보다 이르지 않은)에 라운드를 시작하여야 한다.

- 플레이어는 반드시 *위원회*가 정한 출발 시각에 플레이할 준비를 마친 상태로 위원회가 정한 출발 지점에 있어야 한다.
- *위원회*가 정한 출발 시각은 정확한 시각을 의미한다(즉, 출발 시각이 오전 9시라는 것은 오전 9시부터 9시 01분까지의 시간이 아니라 정확하게 오전 9:00:00을 의미한다).

대한골프협회 골프 규칙 5.3a 규정을 위배하여 출발 시각보다 5분 내로 늦게 출발 지점에 도착한 경우 첫 번째 홀에서 일반페널티(2벌타)를 받는다. 주말 골퍼의 경우 첫 홀에 늦게 도착한 동반자에게 2벌타를 과연 부과할 수 있을지가 의문이다.

인 스윙이 이루어지지 않는다. 첫 홀부터 안정적으로 진행하지 못해 예기치 않았던 미스 샷이 발생하거나 타구 방향이 잘못되어 두세 타 이상의 추가 스코어를 기록하게 된다. 이미 시작부터 기분이 좋을 수 가 없다.

프로선수 김한별은 대회 당일 루틴을 다음과 같이 이야기한다.

"보통 경기 시작하기 3시간 전에는 준비에 들어가죠. 간단한 스트레 칭과 함께 요기를 한 다음 1~2시간 여유를 두고 골프장에 도착합니다. **골프 시작 전에 충분한 여유를 두고 움직이는 것은 반드시 성적에 영 향을 줍니다. 몸과 마음이 경기에 적응하는 데에도 시간이 소요되기 때문이죠.**"

오재근 한국체대 운동 건강관리학과 교수는 허겁지겁 서둘러 골프 를 하는 것과 그러지 않을 경우 1타 이상 타수 차이가 날 수 있다고 설 명한다. 그리고 티오프 직전 스트레칭을 루틴으로 만들 필요가 있다. 스트레칭만 잘해도 1타를 줄인다는 것도 괜한 말이 아니다.[39]

골프에 비즈니스적 해석을 담다

09

스코어를 공정하게 기록

'일파만파' 늘 있는 일

영어 'par for the course'는 직역하면, '코스에서 파를 했다'로, '기본' '보통' '늘 있는 일'이라는 의미가 된다. 이 관용구는 골프에서 유래했다. 툭하면 회사에 지각하는 직원이 있어 "쟨 왜 맨날 지각해? 무슨 일 있는 거야?"라고 동료에게 물으면 아마 이런 말을 들을 것이다. "It's par for the course for him(늘 있는 일이야)."[40]

일파만파. 첫 홀에서 같이 라운드 하는 네 명 중 한 명이 파를 하면 스코어카드에 4명 전원 파를 기록한다. 한국에만 존재하는 골프 문화이다. 일파만파가 안 되면 한파만파(한국 땅에서 한 명이라도 파를 하면 전원 파를 기록)가 적용된다. 늘 있는 일이다.

골프는 개인별 핸디캡이 있다. 핸디캡이란 것은 최근 몇 회 라운드 스코어를 평균한 것이 아니다. 핸디캡(지수)은 최근 20라운드 중 잘 친 10번의 기록을 평균한 것이다(사실 여기에서 조정계수 0.96을 곱해야 하는데, 아주 복잡해서 설명을 생략한다). 전체 평균이 아니라 잘 친 순으로 50%를 평균하는 것을 보면 핸디캡이라는 것은 평균 이상의 실력을 발휘해야 하는 목표치인 것이다. **이러한 핸디캡을 정확히 알고 적용하는 것이 공정한 게임을 하는 기준이 된다.**[41]

그런데 골프 스코어를 항상 유리하게 적어서 본인이 상당히 골프를 잘 치는 착각에 빠지거나 자신의 실력 자체를 정확히 알지 못하는 경우가 많다. 앞서 말한 첫 홀 일파만파, 중간에 멀리건 하나 받고, 2퍼트 OK, 꺼내놓고 치시죠, 옮겨놓고 치시죠, 트리플 보기 이상 기록하지 않기, 마지막 홀 자동 올 파all par 등 스코어가 공정하지 못해서 정말 플레이어 자신도 핸디캡이 얼마인지를 정확히 모르는 경우가 있다. 핸디캡이 어느 정도 일정하지 않으면 신뢰성도 떨어지고 주변 동반자들과 게임하기도 어려워진다. 제대로 쳐야 제대로 적는데 문제는 제대로 치지 못해서 이러한 현상이 발생한다.

필자는 2012년 7월 16일 한국 미드 아마추어 연맹이 주관하는 볼빅 배 코리아 아마추어 최강전 4차 예선에 참가를 하였다. 골프를 친 이래 처음으로 공식경기에 참가해 본 것이다. 핸디캡이 +7(파72 기준 79타) 이하인 아마추어 선수들이 자격을 얻어서 참가하는 대회인데, 나는 선수자격이 아니고 스폰서 자격으로 참가하여 공식경기를 해보는 기회가 있었다.

연맹 경기위원들이 실제로 나와서 규정 위반에 대해서는 벌타나 실격 처리를 하는 가운데, 대회 규정에 의거 라운드 결과를 계산해보니 점수가 많이 나왔다. 쿼드러플quadruple 보기(+4타) 2개, 더블 보기(+2) 4개, 보기(+1) 9개로 최종 스코어가 97이면 평소보다 15타 이상 높게 나왔다. 원인을 분석해보았는데, 주말 골퍼 대비 스코어에 영향을 주는 것이 크게 4가지였다.

첫째, 평소 화이트 티에서 치다가 블랙 티로 세팅된 코스에서 티샷을 하니 매홀 평균 30미터 정도 늘어난 거리를 극복하기가 어려웠다. 파 3홀이 180미터 내외여서 한 번에 그린에 올리기가 쉽지 않았다. 파 4홀도 360미터 이상이 되는 홀이 많아 2 온하기가 어려웠고, 특히 파 5는 530미터 내외이며 이보다 짧은 경우는 오르막 경사가 심해서 일반 아마추어 골퍼가 세 번 만에 그린에 올리기가 쉽지 않았다. 어떻게 보면 매홀 보기를 하는 것이 당연하게 느껴졌다.

																					(단위:METER)
HOLES	1	2	3	4	5	6	7	8	9	OUT	10	11	12	13	14	15	16	17	18	IN	TOTAL
DISTANCE	356	344	498	357	177	337	366	188	513	3,136	375	545	388	175	535	365	187	378	345	3,293	6,429
PAR	4	4	5	4	3	4	4	3	5	36	4	5	4	3	5	4	3	4	4	36	72
Score	5	5	6	4	3	6	5	3	6	43	9	6	4	6	4	5				54	97
Putt																					

제2회 볼빅배 코리아 아마추어 최강전 4차예선 Out 1조.
선수명: 박세연 일자: 2012년 7월 16일
KMAGF 기록용

주말 골퍼로서 처음 참가한 공식경기에서 전반 9홀은 무사히 넘겼지만 후반 9홀은 완전히 무너졌다. 경기규칙에 의거한 라운드를 해보니 정말 힘이 들고 자신의 수준이 어느 정도인지를 알 수 있는 계기가 되었다. (2012.7.16.)

둘째, 페널티 구역에 공이 들어갔을 때, 평소 주말 골퍼들이 사용하는 오비나 해저드 특설 티가 대부분 없다는 것이다. 한번 티샷 오비가 나면 계속 티잉 그라운드에서 샷을 해야 한다. 370미터 파 4에서 티샷 오비로 인해 5온도 하지 못해 결국 쿼드러플quadruple 보기를 했다. 페널티 구역인 해저드도 규칙에 나와 있는 3가지 옵션 중 하나를 선택해서 다시 쳐야 하므로 생각보다 타수를 더 잃을 수도 있다. "이왕 한 타 먹는 것 좋은 곳에서 치시죠"라는 주말골퍼의 선의는 규칙에 없는 것이다.

셋째, 볼이 온 그린on green 될 때까지 절대 손을 댈 수가 없고 놓여 있는 상태 그대로 쳐야 된다는 것이다. 대한골프협회 골프 규칙에 제일 먼저 나오는 규칙 1.1 골프 게임The Game of Golf 정의를 보면 "플레이어는 원칙적으로 코스는 있는 그대로, 볼은 놓인 그대로 플레이하여야 한다"로 규정하고 있다. 즉 라이를 개선하거나 공에 손을 대는 순간 골프게임에 위배되는 것이고 벌타를 받게 되어 있다. 디봇divot이든지 벙커bunker의 발자국이든지 공을 옮길 수 없다는 것이 일반 아마추어에게는 상당한 핸디캡으로 작용을 한다.

넷째, 퍼팅에서 1미터 내외의 짧은 거리에 대해 컨시드concede가 없다. 스트로크 게임에서는 퍼터로 홀 아웃을 해야 그 홀의 경기를 마치는 것이다. 아주 짧은 거리도 신경을 쓰며 끝까지 퍼트해야 한다는 부담감이 첫 퍼트를 긴장하게 만들어 공을 홀컵에 붙이는 거리 조절에 실패하는 경우가 발생한다는 것이다. 또한 승부를 가려야 하는 대회이

골프에 비즈니스적 해석을 담다

기에 평소 대비 핀 위치 자체가 조금 까다로운 곳에 위치하고 있어서 3 퍼터가 나올 가능성이 컸다. 골프에서 3퍼트는 파를 절대 할 수 없는 치명적인 것으로 퍼팅 이전에 이루어진 굿 샷을 모두 물거품으로 만드는 것이다.

이외에도 카트를 이용은 하지만 공식경기라 평소보다 걷는 구간이 많아서 체력이 일찍 고갈되어 피로감이 많이 들었다. 한국 프로야구 최고 투수 중 한 명이었던 윤석민(35, 전 KIA 타이거즈)이 2021년 9월 3일 부터 이틀간 한국프로골프 코리안투어 비즈 플레이 전자신문 오픈에 초청선수 자격으로 출전해 최하위로 컷 탈락을 하였다. 윤석민은 당시 이틀 동안 20오버파 164타로 프로의 벽을 절감했다. 그는 "코리안투어 에 참가하게 돼 큰 영광이었다. 다시 한번 KPGA 선수들이 대단하다 는 것을 느꼈다"면서 "걸어서 라운드하는 게 쉽지 않았다. 걸을수록 발 바닥과 발목, 종아리, 무릎, 골반, 허리 등에 통증을 느꼈다. 정말 쉽지 않았다. 1라운드에 체력, 멘탈 다 무너졌다"라고 돌아봤다.[42]

이 시대의 화두 '공정성'

평상시에 공정하게 라운드를 하지 않았기에 본인의 핸디캡을 정확히 모른다. 그래서 매번 라운드가 끝나고 나면 오늘은 컨디션이 안 좋아 서, 어제 술을 마셔서, 잠을 설쳐서 등 108가지 이유를 대면서 핸디캡

자기 합리화를 한다. 실제 본인이 얼마나 공정하게 스코어를 기록했는지에 대한 고민은 제대로 해본 적이 없을 것이다.

골프를 치고 스스로에게 피드백을 하는 유일한 방법은 스코어를 기록하고 라운드를 마치고 나면 이를 해석해 보는 것이다. 그런데 스코어를 제대로 적지 않으면 피드백을 제대로 할 수가 없다. LPGA 투어 우승을 72회 한 에니카 소렌스탐Annika Sorenstam도 적는 자만이 살아남는다는 '적자생존'을 이야기한다.

"나는 16세 때부터 라운드 내용을 기록했다. 버디가 없는 아마추어의 대부분은 퍼터보다는 드라이버, 아이언, 어프로치 샷 중에 무엇이 문제인지를 알고 고쳐야 한다. 기록은 나쁜 샷 수정에도 활용되지만 좋은 샷의 이미지를 기록해 놓아 그 행동을 반복적으로 해서 좋은 경기를 만든다."[43]

최근에 공정성에 대해 젊은 층의 관심이 커졌다. **공정한 게임이란 경기 결과 스코어를 비슷하게 만드는 것이 아니라 경기규칙을 준수하여 제대로 쳐서 개인별 스코어가 실력대로 기록되는 것이다.** 이를 통하여 샷을 개선하거나 연습에 대한 동기부여가 되는 것이다. 일반적으로 사람들을 동기 부여시키는 공정성에 대해 많은 이론적 연구가 추진되어 왔으며 공정성 이론equity theory은 '분배적 공정성', '절차적 공정성', '상호작용 공정성' 세 가지로 구분된다.[44]

'분배적 공정성distributive justice'에 대해 아담스J. S. Adams는 개인의 투입과 산출 비율과 타인의 투입과 산출 비율을 비교해서 공정성을 인식한다는 것이다. 내가 일을 많이 했는데 일찍 퇴근한 다른 사람과 대비해 월급을 적게 받으면 분배적 공정성이 어긋난다고 생각하는 것이다.

티샷에서 멀리건mulligan을 받거나 애매한 해석이 될 수 있는 구역에서 무벌타 구제를 받은 동반자가 파를 하고 그렇지 않은 플레이어가 파를 했을 때, 정상적으로 파를 한 사람은 결과에 대해 심리적으로 공정하지 못하다고 느낄 수 있다.

GENERAL LOCAL RULES
1. 아웃 오브 바운드(O.B)는 백색, 워터 해저드는 노란색, 레터럴 워터 해저드는 빨간 색의 선이나 말뚝으로 표시하며, 그 중 선이 우선한다.
2. 수리지(G.U.R)는 백색 선이나 적색 깃발로 표시한다.
3. 수리지인 화단 내에 볼이 있거나 스탠스 또는 스윙이 걸린다면, 홀에 가깝지 않은 방향으로 구제 지점으로부터 1클럽 길이 이내에 드롭한다.
4. 지주목, 고무매트, 골프카트 도로, 배수구, 스프링쿨러 헤드는 움직일 수 없는 장애물이다.
5. 볼이 아웃 오브 바운드(O.B) 경계선을 넘어 다른 홀에 들어갈 경우 코스 내에 있더라도 아웃 오브 바운드(O.B)의 볼이다.
6. 상기 이외의 사항은 대한골프협회의 규칙을 적용한다.

WYVERN LOCAL RULES
1. 해저드 : 드롭존이 있는 곳은 드롭존에서 플레이를 진행한다. (1, 2, 3, 4, 5, 7번홀)
2. O.B : 2번홀 티샷이 아웃 오브 바운드(O.B)일 경우, 특설 드롭존에 드롭하고 플레이 해야 한다.

경기 이천 웰링턴CC 스코어카드 뒷면에 있는 로컬룰이다. 일반 로컬룰과 와이번 코스에 한정된 로컬룰이 적시되어 있다. (2022.9.29.) 모든 골프장에는 로컬룰이 있으며 첫 홀 티샷 전에 반드시 플레이어에게 이 내용을 알려주어야 한다. 항상 이야기하지만 캐디는 체조를 함께하는 것보다 로컬룰을 주지시키는 역할을 하는 것이 중요하다. '체조는 개인이, 로컬룰은 함께'하는 것이 경기 도중 규칙 적용에 있어 특정인에게 유리한 임의 해석 등으로 오해를 발생시키지 않는다.

레벤탈G. S. Leventhal은 '절차적 공정성procedural justice'에 대한 인식

은 개인들이 절차에 영향을 미칠 수 있다고 느끼거나, 절차가 일관적이고, 윤리적이며, 정확하고, 공정하게 느낄 때 절차적 공정성이 높아진다고 한다. 2020년 6월 인천국제공항공사에서 비정규직 중 일부를 정규직으로 고용을 전환하면서 일어나 논란은 '결과의 평등' 보다는 '경쟁 과정의 공정'을 중시하는 젊은 층의 시각으로서는 불만족스러운 조치로 인식된 것이다.

골프에서는 라운드를 시작하기 전에 로컬 룰을 확인하고 팀 룰을 명확히 정하고 정확한 핸디캡을 적용해 주는 공정한 과정을 거쳐야 결과에 대한 수용성도 높아진다.

바이어스R. J. Bies와 모그J. F. Moag는 '상호작용 공정성interactional justice'을 신중하고 예의 있게 의사결정에 대한 설명을 하거나 정보를 전달할 때 개인이 받는 대우를 일컫는다고 정의했다. 분배와 절차 진행에 대한 의사소통에서 대인 간 공손하고 정중하게 대우받는 느낌이 들어야 한다.

골프에서 팀 룰을 정할 때 권력, 정보, 연령, 재력이 우위에 있다고 공감대가 가지 않는 룰을 독선적으로 정하는 것은 상호작용 공정성에 대한 불만을 가져올 수 있다.

이 세 가지 중 MZ세대의 공정성 화두는 '절차의 공정성'에 대한 공감대 여부이다. 한국 여자골프는 1900년 파리 대회 이후 116년 만에 부활한 2016 올림픽에서 박인비 선수가 금메달을 목에 걸었다. 2021년 도쿄 올림픽 여자골프에 한국은 국가별 최대 인원인 4명(박인비, 김세영,

고진영, 김효주)이 나섰으나 메달은 따지 못했다. 그러나 우리 선수단에 쏟아지는 비난이 없었다. 넬리 코르다Nelly Korda 등 세계적인 선수들이 우리 선수보다 당일 컨디션이 좋아서 메달을 딴것이지 우리 선수들의 기량이 못해서 그런 것은 아니라고 느끼는 것이다.

이는 세계랭킹 기준으로 대표선수 선발을 해서 논란의 여지를 만들지 않았던 것에 기인하는 것으로 보인다. 만약 선수 4명을 세계랭킹 순위가 아니라 일반적으로 인정하기 어려운 다른 방식으로 선발했다면 선발 절차의 공정성이 문제가 되었을 것이라는 생각이 들고, 결국 노메달 논란이 공정성 시비로 비화하였을 것이다.

10

창의성이 요구되는 경기 운영

"자신 넘치는 자기류는 확신 없는 정통류를 이긴다."

- 아널드 파머 -

창의적인 생각과 방법이 필요

오미크론 변이 확산, 글로벌 공급망 리스크, 인플레이션, 미·중 패권 전쟁, 자산시장 버블 등 전 세계에 경제 위기 경고음이 동시다발적으로 울리고 있다. 서울대 경제학과 김세직 교수는 지금의 경제 위기가 어떤 정권의 정책이나 코로나19 때문만이 아니라 대한민국이 가지고 있는 모방형 자본주의의 한계에 기인한다고 주장한다.

1960년부터 1990년대까지 매년 8% 이상의 성장률 황금기에서는 선진국 기술을 배우는 모방형 인재를 키우기 위해 주입식 교육이 주도적으로 이루어졌는데, 이러한 교육을 받은 노동력이 1990년도부터 산업 구조가 재편되면서 창의성이 요구되는 일에 적응하지 못해서 1990년에

골프에 비즈니스적 해석을 담다

서 2010년대까지 장기 성장률이 '5년마다 1% 하락'했다는 것이다. 제로 성장을 넘어 마이너스 성장 시대의 디스토피아 한국이 올 것이란 음울한 경고에 대비하기 위해 '모방형 자본주의'에서 '창조형 자본주의'로 전환이 시급하며, 특히 주입식이 아닌 국민의 창의력을 키워주는 교육제도의 개선이 시급하다고 이야기하고 있다.[45]

　골프에 있어 최경주 선수도 이와 유사한 이야기를 한 바가 있다. 그는 골프 샷에 대해 조언할 때마다 "제가 말하는 게 정답이라는 건 아닙니다"라고 전제를 깔고 이야기한다. 아울러 "우리 사회나 교육은 처음부터 너무 정답만을 가르치려고 하는 것 같습니다. 정답을 찾는 과정을 생략한 채 말이죠. 골프 레슨도 그렇습니다. '드로를 치려면 말이야, 이렇게 해야 해'라는 식이에요"라고 말했다.

　또한 최경주 재단의 골프 꿈나무들과 함께 훈련하면서 아이들에게는 무엇보다 표현의 자유를 느끼도록 해 주는 게 중요하다는 걸 깨달았다고 한다. 자신의 생각을 자신의 방식대로 표현할 수 있을 때 어떤 환경에서도 주눅이 들지 않고 제 몫을 해낼 수 있다는 것이다.[46]

　골프도 나름대로의 창의성 없이는 낮은 스코어를 적어내기가 어렵다. 표준 이론과 정석에 해당하는 스윙 개론이 있지만 자기의 체형과 체력에 맞는 샷을 구사하여야 하므로 개인마다 창의성이 요구된다. 실내 연습장에서 연습을 하거나 스크린 골프장에서 공을 치면 샷이 일정한데 필드에 나오면 공이 정확하게 맞지 않는다는 이야기를 가끔 하는 사람들이 있다. 연습장과 필드의 차이점에 빨리 적응하는 창의적인 생각이 부족해서이다.

스크린 골프장이나 연습장과 필드의 가장 큰 차이점은 스탠스가 평평한 데가 거의 없다는 것이고, 다음으로는 탁 트인 넓은 시야로 인해 집중력이 흐트러지거나 어드레스가 제대로 되지 않는다는 것이다. 그리고 퍼팅의 경우, 스크린 골프에서는 그린의 경사나 라인 등과 같은 모든 정보가 정확히 수치로 제공되나 필드에서는 그린의 퍼팅라인을 육안으로 보고 본인의 창의적인 생각을 더하여 퍼트를 해야 한다.

창의성을 일깨우는 세 가지 구성요소

사람들의 창의성을 촉진시키기 위해서는 어떤 것이 요구되는지에 대한 연구 중 하나로 '창의성의 세 가지 구성요소 모델'이 있다. 이 모델은 개인의 창의성을 증대시키기 위해서는 기본적으로 한 분야에 전문성이 있어야 하고, 창의적으로 생각하는 기술을 내재하여야 하며, 그리고 내적으로 자신이 하는 과업이나 일에 대해 강한 동기부여가 필요하다고 의견을 제시한다.[47]

(1) **전문성**expertise**은 모든 창의적 업무에 기본이 된다.** 개인의 능력, 지식, 숙달과 자신의 분야에서 어느 정도 전문성을 가지고 있을 때 창의성이 발휘된다. 컴퓨터 프로그램에 지식이 거의 없는 사람이 소프트웨어 디자인 분야에 매우 창의적인 생각을 발휘할 것이

골프에 비즈니스적 해석을 담다

경북 구미 선산CC에서 60인치 드라이버를 치는 동반자를 처음 만났다. 우측 첫 번째가 45인치 드라이버를 가진 필자이고, 두 번째가 60인치 드라이버를 직접 만들어 '창의적인 골프'를 치는 사람이다. 사진상으로 보아도 다른 사람들과 드라이버 샤프트 길이에서 차이가 난다. 이분의 드라이버 평균 거리는 240m이며 핸디캡은 5라고 기억하고 있다. (2007.6.24.)

라고는 아무도 생각하지 않을 것이다. 전문가까지는 아니지만 골프에 대한 이론적 지식을 어느 정도 터득하는 것이 자기만의 창의적인 노하우를 키우는 것일 수도 있다. 혹시 골프를 친다면서 아직도 골프와 관련된 책이 한 권도 없는 분이 있다면 이 글을 읽는 순간 바로 서점으로 뛰어가기를 권한다.

(2) **창의적으로 생각하는 기술**skill**이다.** 이것은 친숙한 것을 다른 시각으로 바라볼 수 있는 능력뿐만 아니라 창의성과 연관된 개인의 특성, 유추해낼 수 있는 능력을 포함한다. 부정적 정서보다는 긍

정적 정서가 있는 사람이 더 창의적이다. 떨어지는 사과에서 만유인력을 발견한 아이작 뉴턴Isaac Newton의 천재성, 귀의 작용원리를 유추하여 전화기를 만든 그레이엄 벨Alexander Graham Bell의 창의적인 발견은 좋은 사례이다. 생각이 끊임없이 이어져야 골프도 발전이 있다. 가끔 비가 그친 날에 우산을 거꾸로 들고 스윙 연습하는 사람을 길거리에서 볼 수 있다. 모든 생각이 골프에 집중되어 있을 때 어느 날 갑자기 '유레카eureka(알아냈다)' 하면서 이치를 깨우치게 된다.

(3) **내재적 과업에 대한 동기부여motivation이다.** 자신이 하는 일에 매우 흥미를 느끼며 열중할 수 있고 또는 개인적으로 도전적인 분야에서 계속 일하기를 바라는 욕구이다. 이러한 내재적 동기부여가 잠재된 창의성을 실제적인 아이디어로 전환시키는 것이다. 개인적인 아이디어를 자극하고 이를 공정하게 판단하고 창의적인 업무에 대해 적정한 보상이 따르는 문화가 동기부여를 더욱더 촉진시킬 것이다. 골프를 좀 더 잘 쳐보자는 목표, 친구를 이겨보자는 생각, 내기에서 돈을 잃지 않겠다는 각오 등의 동기부여가 창의적인 나만의 샷을 만들어 낼 수 있을 것이다.

그래도 생각이 나지 않거나 스윙의 원리를 모르겠으면 코치나 주변에 있는 아마추어 고수, SNS상의 전문가에게 질문을 하여 궁금증을 해소해야 한다. 서강대 철학과 최진석 교수는 "세상의 모든 창조물과 제조물은 대답에서 나오는 것이 아니라 질문에서 나온 것이다. 대답은

골프에 비즈니스적 해석을 담다

NAVER TV '안소영 프로_ABOUT GOLF'에서 드라이버 비거리 향상을 위해 다운스윙 시 양손을 아래로 내리는 동작과 오른쪽 팔꿈치가 주는 시그널이 중요하다고 강조하고 있다. (2022.8.10.) 영상으로 이러한 메시지를 전달하는 사람들은 프로 출신의 '전문가'로 자기만의 방법으로 설명하는 '기술', 그리고 골프에 대한 열정이 '동기부여'가 되어 다른 사람과 구별되는 창의적인 레슨을 하고 있다.

과거에서 나오는 것이고 질문은 미래에 관한 것이다. **대답에 익숙한 사람은 이미 알고 있는 지식과 같은 과거에 빠지고, 질문은 나만의 호기심과 궁금증을 내면적으로 생각을 해야 가능한 것이다. 사회를 이끄는 주도권은 질문하는 사람, 창의적으로 생각하는 사람이다.**"라고 이야기하였다.[48]

11

모든 홀에 존재하는 길흉화복

"골프는 아침에 자신감을 얻었다고 생각하면
저녁에는 자신을 잃게 하는 게임이다."

- 해리 바든 -

골프와 인생의 길흉화복

골프를 치다 보면 한 홀 안에서, 혹은 18홀 전체에서 변화무쌍한 상황을 접하게 된다. 파 4홀에서 드라이버가 잘 맞아서 100미터 이내 두 번째 샷을 핀에 붙여 버디를 노리겠다는 마음으로 쳤는데 뒤땅을 치고, 그 결과가 다음의 어프로치 샷에 영향을 주어 실수를 하게 되어 4온 2퍼트로 더블 보기를 하는 경우가 발생한다. 버디를 노리다가 더블 보기를 했으니 심리적으로는 3타를 잃은 기분이 든다.

전 홀에서 버디를 하고 아너honer로써 기분 좋게 티샷을 했는데 오비가 나면 이러한 낭패가 없다. 방향이 잘못되어 해저드에 빠질 뻔한

골프에 비즈니스적 해석을 담다

공이 바위를 맞고 그린 안쪽으로 굴러 들어와 홀컵 옆에 붙는 경우도 있다. 골프를 처본 사람들은 간혹 이런 상황이나 이와 비슷한 순간을 경험하거나 본 적이 있을 것이다.

　아마추어 골퍼는 이처럼 예상치 못한 길흉화복(吉凶禍福)이 라운드 도중에 발생할 가능성이 종종 있다. 그래서 골프는 장갑을 벗어봐야 결과를 안다는 말이 있다. 이런 점에서 골프는 세상에 완전한 행복도 완전한 불행도 없다는 것을 일깨우는 운동인 것 같다. **다가온 행운이 불행이 되어 치명적인 상처를 남기기도 하고, 누가 봐도 확실히 불행이라고 생각했던 것이 오히려 나에게 행운이 되는 것을 보면 골프와 인생은 새옹지마**(塞翁之馬: 변방 늙은이의 말)**처럼 유사하다.**

　옛날 중국 북방 요새 근처에 한 늙은이가 살았는데, 어느 날 늙은이의 말이 달아났다. 마을 사람들이 이를 위로하자 노인은 '이것이 복이 될지 누가 알겠소'라고 말하고 잊고 지냈는데, 얼마 후 그 말이 여러 마리의 준마를 데리고 돌아왔다. 마을 사람들이 횡재를 축하했지만 늙은이는 '그것이 화가 될지 어떻게 알겠소'라고 말했다. 그런데 말타기를 좋아하던 노인의 아들이 그 준마를 타다가 떨어져 다리가 부러졌다. 마을 사람들이 이를 위로하자 늙은이는 '그것이 복이 될지 누가 알겠소'라며 태연하게 말했다. 얼마 후 오랑캐가 침입해 오자 마을 장정들은 징집되어 전쟁에 나가 모두 전사했으나 노인의 아들은 무사했다. 말에서 떨어진 게 오히려 복이 된 셈이었다.[49]

　새옹지마는 인생의 길흉화복은 늘 바뀌어 예측할 수 없다는 뜻이다. 골프에서 샷이 일정하지 않고 일관성이 떨어지는 아마추어 골퍼의 경우에는 새옹지마와 같은 현상이 언제 어디에서든지 발생할 가능성이 크다.

길흉화복 vs SWOT 분석

골프에서 일어나는 길흉화복에 잘 대처를 하는 것이 골퍼로서는 전략적인 방법이다. 심호흡이나 스윙 리듬 조절 등을 통해 템포tempo를 조절한다든지, 연습 스윙을 몇 번 더 해보면서 종전의 좋은 샷의 이미지를 머릿속에 그리며 흥분된 기분을 차분히 만드는 방법이 필요하다. 이를 위해 선행되어야 하는 것은 모든 샷으로 인해 발생하는 길흉화복에 대해 분석을 하는 것이 중요하다, 분석을 잘해야 다음 샷에 영향을 미치는 불안한 요소를 제거할 수 있다.

하체중심스윙,
1. 골반돌리기로 스윙 꼬임의 시작   스윙의 핵심
2. 오른무릎은 정면 잡아둠
3. 다운스윙 왼발로 체중이동, 펴며 딛음
4. 다운스윙은 백스윙보다 더 천천히
5. 피니쉬가 나오도록 휘두르며 원그리기

공이 잘 맞지 않을 경우, 자신의 스윙에 대해 확신이 들지 않는 경우가 있다. 필자의 경우 스윙이 매우 급하게 이루어지는 단점이 있어서 안정된 스윙 루틴 유지에 필요한 5가지 사항을 휴대하고 다니면서 이를 중점적으로 확인한다.

골프에 비즈니스적 해석을 담다

길흉화복(吉凶禍福: 길할 길, 흉할 흉, 재앙 화, 복 복)을 분석한다는 것은 어쩌면 경영에서 SWOT 분석을 하는 것과 같은 이치라고 본다. SWOT 분석은 기업의 내부 환경과 외부 환경을 분석하여 강점strength, 약점 weakness, 기회opportunity, 위협threat 요인을 규정하고 이를 토대로 경영전략을 수립하는 기법으로, 미국 경영컨설턴트 알버트 험프리Albert Humphrey에 의해 고안되었다.[50]

길吉할 일과 흉凶한 일은 개인을 중심으로 내부적으로 이루어지거나 발생가능한 일들이다. **길吉할 일은 개인의 운세가 틔어 '강점'이 되며, 흉凶한 일은 가급적 발생하지 않아야 하는 일들로서 남들이 흉을 보는 것이어서 '약점'이 되는 것이다.** 천재지변과 복권 당첨과 같은 재앙 禍과 복福이라는 것은 개인이 예측할 수 있거나 인위적으로 좌지우지할 수 있는 영역이 아닌 외부적 영향이다. **재앙禍은 뜻하지 아니하게 생긴 불행한 변고로 '위협'이 되고, 복福은 삶에서 누리는 좋고 만족할 만한 행운으로 '기회'가 될 수 있다.** 그러므로 모든 샷의 결과 발생한 길흉화복을 잘 분석하여 전략적으로 다음 샷을 진행해야 좋은 스코어를 낼 수가 있을 것이다.

골프가 즐거운 것은 내가 잘 쳐도 좋고 상대가 못 쳐도 좋은 운동이라고 한다. 길흉화복에 따라 동반자의 심리가 작용을 한다. 상대방이 그린사이드 벙커에 들어간 공을 칠 때, 손가락을 꼽으면서 몇 번을 칠 것인지를 예상하고 있는데, 한 번에 홀 인이 되거나 핀 옆에 붙게 되면 정말 어이가 없어진다. 반면에 벙커 탈출을 못 한 동반자의 불행이 가져오는 숨길 수 없는 즐거움, 즉 상대방의 불행에 기쁨을 느끼는 이런 감정을 독일어로 '샤덴프로이데schadenfreude'라고 한다. 손해를 뜻하는 '샤덴 schaden'과 기쁨이라는 뜻을 담은 '프로이데freude'를 합성한 이 단어는 타인의 불행에서 느끼는 기쁨을 표현한다.[51)]

잘 나가던 직장 동료가 불행한 일을 당했을 때 속으로 고소함을 느낀다. 내가 좋아하지 않는 유명 정치인의 거짓말이 온라인에 화제가 되어 지탄을 받을 때 정의가 실현되는 느낌을 받는다. 외교관계가 좋지 않은 주변 국가에서 천재지변이 일어났을 때 하늘이 그들의 잘못을 응징하는 기분이 든다. '참 깨소금이다'라고 느끼는 것이 샤덴프로이데이다.

샤덴프로이데는 소외와 분열을 부추기는 감정처럼 보일지 몰라도 거기에는, 혼자 실의에 빠지기보다는 나처럼 다른 사람들도 실패할 수 있다는 사실에서 위안을 얻으려 하는 우리의 욕구가 담겨 있다.[52)]

프로도 운이 따라야 한다

골프도 가끔은 운이 따라 주어야 한다. 특히 프로들의 경기를 보고 있으면 그날따라 중장거리 퍼팅이 잘 들어가는 선수가 리더 보드leader board 상단에 있을 확률이 높다. 중장거리 퍼팅도 실력이라면 실력이지만 그래도 약간의 운이 작용을 해야 홀 인이 되는 것이다.

박민지 선수가 2021년 6월 20일 충북 음성 레인보우힐스 컨트리클럽에서 열린 제35회 한국여자오픈에서 생애 첫 메이저대회 우승을 했다. 최종일 17번 홀까지 16언더파로 박현경 선수와 동타였지만 18번 홀에서 3번째 아이언샷을 해저드 건너 핀 1미터 안쪽에 붙여 버디를 해서 우승을 했다. 그런데 인터뷰에서 반전이 있었다. 박민지는 "이 말을 해야 하나 말아야 하나 망설였는데, 사실은 미스 샷이었다. 방향을 중계탑(핀 우측)을 보고 쐈는데 살짝 드로가 먹히면서 곧바로 핀을 향해 날아갔다. 핀을 바로 봤으면 해저드에 빠졌을 것이다. 운이 좋았다"라고 말했다.[53]

이와는 반대로 참 운이 없는 경우도 있다. 한국프로골프협회 코리안 투어에서 신경철 선수는 2018년 11월 1일 제주 세인트포CC에서 열린 효담 제주오픈 1라운드에서 4번 홀 파4 한 홀에서 OB를 무려 7개나 내는 불운을 겪었다. 그런데도 끝까지 포기하지 않고 결국 18타(+14)만에 홀 아웃했다. KPGA 사상 '한 홀 최다 OB'와 '한 홀 최다 타수' 불명예 기록을 안았다.[54]

논어論語 옹야편雍也篇에서 공자는 "지지자知之者 불여호지자不如好之者, 호지자好之者 불여낙지자不如樂之者"라고 말한다. 이를 통하면 "어떤 사실을 아는 사람은 그것을 좋아하는 사람만 못하고, 좋아하는 사람은 즐기는 사람만 못하다"라는 뜻이다.[55] **골프에서는 즐기면서 치는 것도 중요하지만 어느 정도 운이 따라야 한다. 그래서 이 말에 한 구절을 더하자면 '즐기는 사람樂之者은 운 좋은 사람보다 못하다不如運之者'이다.**

일본에서 경영의 신으로 불리는 마쓰시다 고노스케는 회사를 직접 경영할 때도 "나는 운이 좋다"라고 말하는 사람을 뽑았다. 그는 "운이 좋다고 생각하는 사람들의 마음속에는 '어차피 잘 될 거야'라는 느긋함이 숨어 있다. 느긋함은 두려움을 이기고 마음을 편안하게 해 준다. 그런 사람들은 매사에 감사해하고 그런 사람들에겐 기쁨과 행복이 항상 찾아온다"라고 이야기하였다. 운이 좋다는 것은 한마디로 긍정적인 마음가짐인 셈이다. 어린 시절 워낙 가난해 학교도 제대로 다니지 못한 마쓰시타는 아주 병약한 체질이었다. 그러나 바로 그렇기 때문에 큰 뜻을 품고 남보다 더욱 열심히 노력해야 했고 건강을 최고의 가치로 여기게 됐다며 가난과 병약함을 '타고난 운'으로 여겼다고 한다.[56]

경기 용인 화산CC에서 생애 첫 홀인원을 했다. (2018.10.10.) 홀인원을 할 확률이 아마추어는 1/12,000, 프로는 1/3,500이라는 것을 보면 실력도 실력이지만 어느 정도 운이 따라야 홀인원을 할 수 있다.

골프에 비즈니스적 해석을 담다

인생을 살아가면서 시작에서 웃는 것은 '교만驕慢', 중간에서 웃는 것은 '자만自慢', 마지막에 웃는 것을 '충만充滿'이라 한다. 골프는 우리의 인생과 같이 길흉화복이 번갈아 일어나는 운동이다. 우리 모두 골프 장갑을 벗을 때까지 라운드에 집중하여 18홀 마지막에 '충만'한 기쁨을 누릴 수 있도록 모든 샷에 정성을 들여야겠다.

12

상금과 내기가 주는 동기부여

"처음 만나 결코 내기를 해서는 안 되는 타입은
새까맣게 피부가 탄 사람, 1~2번 아이언을 갖고 있는 사람,
그리고 집념의 눈빛을 한 사람이다."

- 데이브 마 -

라운드에 대한 동기부여

골프장에서 한 타라도 줄이려고 노력을 하고 열심히 치는 이유가 무
엇일까? 개인별로 뭔가 목표를 설정하고 동기부여가 되는 그 무엇이 있
어야 실력도 늘고 골프가 재미있어서 다음 라운드를 기대하게 된다. 아
마추어 골퍼의 경우 그 목표는 개인에 따라 여러 가지가 있을 수 있다.

연습한 대로 샷이 되는지 필드에서 확인하고 싶다.

동반자들에게 민폐는 절대 끼치지 않겠다.

깨백(100타 미만 스코어) 혹은 싱글 스코어를 기록하고 싶다.

골프에 비즈니스적 해석을 담다

자주 라운드 하는 동반자를 이겨보고 싶다.

단체모임에서 메달리스트medallist*를 하거나 상품을 받고 싶다.

부부끼리 즐거운 게임으로 친목을 도모하고 싶다.

그런데 이러한 목표만으로 골프를 재미있고 열심히 칠 수 있을 것 같지는 않다. 프로선수들의 경우 경기에 출전을 할 때 우승을 목표로 한다고 하지만 우승하겠다고 마음을 먹는다고 우승을 모두 다 하는 것은 아니다.

매번의 대회에서 우승하면 많은 상금을 받기도 하지만, 컷오프되어 탈락하게 되면 상금이 하나도 없어 숙박비나 캐디 비용 등 대회 참가에 따른 모든 비용을 선수나 스폰서가 부담해야 한다. **그리고 연말이 되면 상금순위에 따라 다음 해 출전권이 주어지기 때문에 프로 선수들은 상금 자체로 동기부여가 되는 것이다.**

2022년 8월 3일 충남 태안 솔라고 CC에서 열린 한국여자프로골프 점프 투어 11차전에서 프로 데뷔 이후 3번째 경기만에 첫 우승을 한 국가대표 출신 황유민(19)은 우승 소감에서 "프로가 되고 나니 대회에 상금이 걸려있어서 더 집중하게 되는 것 같다"라고 이야기 한 바 있다.[57] 프로의 경우 우승 타이틀도 중요하지만 그들이 마지막 홀까지 한 타라도 줄이겠다고 노력하는 이유가 상금에 있다는 것을 확인시켜 주는 대목이다.

---

* 메달리스트: 매치 플레이의 예선 경기로 스트로크 플레이에서 상위 16명으로 제한하는데 그 순위에 들어 있는 사람들을 메달리스트라고 한다. (네이버 지식백과)

2021시즌 상금 10억원 이상 한국 선수

순위	남녀	선수	상금(원)	내용
1	1	임성재	4,893,003,214	PGA투어 상금 22위
2	1	고진영	4,122,043,497	LPGA 5승, 상금 1위
3	2	김시우	3,820,457,256	PGA 1승, 상금 31위
4	3	이경훈	3,631,201,541	PGA 1승, 상금 35위
5	4	최경주	1,679,776,736	PGA챔피언스투어 1승
6	2	박민지	1,521,374,313	KLPGA 6승, 상금 1위
7	3	박인비	1,323,419,215	LPGA투어 상금12위
8	4	이정은6	1,272,854,880	LPGA투어 상금13위
9	5	김효주	1,193,467,274	LPGA 1승, KLPGA 2승
10	6	김세영	1,077,729,466	LPGA투어 상금17위

파란색은 남자 선수 상금랭킹, 핑크색은 여자 선수 상금랭킹. 금액은 12월 8일 환율 기준. (헤럴드 경제 2021.12.13.)

2021년 한국 선수들이 출전했던 남녀 대회 총상금을 누적 집계한 결과 153명이 상금 1억 원을 넘겼다. 남자 57명에 여자는 96명이었다.

가장 많은 상금을 번 선수는 임성재 선수로 상금만 48억 9,300만 원이었다. 그는 2020년 11월 마스터스에서 2위를 하는 등 2020~21년 미국 프로골프PGA 투어 시즌 35개 대회에 출전해 상금 22위의 성과를 냈다. 고진영 선수는 41억 2,204만 원으로 남녀 합계 2위다. 미국여자프로골프LPGA 투어 시즌 5승으로 3년 연속 상금왕에 올랐다. 한국여자프로골프KLPGA 투어 28개 대회에 출전해 시즌 6승으로 역대 시즌 최고 상금액 15억 2,137만 원을 달성한 박민지 선수는 남녀 상금 6위이자 여자 선수 중에 상금 2위에 올랐다.[58]

여기에서 우리는 고진영이 박민지에 비해 1승이 적지만 상금에서는

골프에 비즈니스적 해석을 담다

3배 수준이라는 것을 알 수 있다. 미국여자프로골프 투어에서 뛰는 것이 한국여자프로골프 투어보다 그만큼 동기부여 요소가 확장되어 있는 것이다. 그래서 세계 여러 나라 선수들이 미국여자프로골프 투어 자격을 따기 위해서 연말에 퀄리파잉 스쿨qualifying school에서 경쟁을 벌인다. 최혜진과 안나린 등 한국 선수들도 좋은 성적으로 2022년 시드권을 따냈다.

만약 한국여자프로골프 투어가 세계에서 상금이 제일 많다면 아무도 미국에 가지 않을 것이다. 미국으로 가는 이유 중의 하나는 상금이 그들을 동기 부여시키기 때문이라 생각된다. 남자 선수 임성재도 국내 투어 활동만으로 48억 원에 해당하는 상금을 받기는 불가능할 정도로 국내 남자투어 상금 규모가 상대적으로 작기에 실력이 뒷받침된다면 미국 투어에서 활동하는 것이 당연하다고 여겨진다.

약간의 내기가 동기부여

이 세상에 공짜는 없다. 골프라는 것이 이론과 상상으로만 되는 것이 아니라 실력을 늘리기 위해서는 돈이 들어간다. 골프를 잘 치기 위해서는 연습장에 돈을 갖다주고 열심히 연습하든지, 훌륭한 코치를 만나서 코치한테 돈을 주고 잘 배우든지, 아니면 열심히 필드에 나가면서 골프장에 돈을 어느 정도 가져다주어야 골프를 잘 칠 확률이 높아진다. 골프를 잘 친다는 것은 그만큼 돈과 정성을 많이 투자했다는 것이다.

　누가 만든 말인지는 모르지만 골퍼들 사이에 자주 회자膾炙되는 이야기가 있다.

　60타는 나라를 먹여 살리고(국가대표로 활동할 정도의 실력)

　70타는 가정을 먹여 살리고(각종 아마추어 대회에서 상금과 상품을 받아올 실력)

　80타는 골프장을 먹여 살리고(골프에 재미를 느껴 라운드 횟수가 많아짐)

　90타는 친구를 먹여 살리고(내기에서 이길 것 같은데 실제로는 질 확률이 높음)

　100타는 골프공 회사를 먹여 살린다(OB, 해저드 등 분실구가 다수 발생).

　여기에서 '먹여 살린다'는 의미는 먹여 살리는 돈이 누구의 호주머니 속에서 지출되느냐는 것이다. 그 돈은 자발적으로 기부하듯이 누가 임의로 내어놓는 것이 아니다. 비즈니스냐, 친구 간이냐, 부부간이냐 등 라운드 성격에 따라 골퍼 개인에게 분담되는 금전의 기준은 다양하다. 그중 하나의 방법이 '내기'이다. **프로가 상금으로 동기부여가 된다면 아마추어는 약간의 '내기'로 동기부여가 된다.**

　우리 주변에는 여러 가지 내기가 일상화되어 있는 측면이 있다. 2002년 월드컵에서 우리 국민이라면 한국 팀 승패 맞추기 내기를 한 번쯤은 했을 것이다. 직장에서 커피 내기 사다리 타기를 한 번도 안 해본 사람은 드물 것이다. 명절에 모여 가족 간에 윷놀이를 해도 뭔가 내기를 걸어야 한다. 기원에서 바둑을 두어도 방 내기를 하여 커피값을 내도록 한다. 탑골공원 장기판에서도 천 원짜리 소주나 박카스 한 병 내기를 한다. 당구장에서 먹은 짜장면 값은 내기에 진 사람이 낸다. 화투를 아무 내기 없이 한 시간 친다고 생각해보라. 정말 무릎만 아프고 재미가 없을 것이다. 거기에도 뭔가 내기가 걸려 있으니 화투판이 재미가 있는 것이다.

필자가 이야기하는 내기는 도박과 같이 위법적이고 거액이 오가는 것을 의미하는 것이 아니라 약간의 재미를 더하기 위해 소소한 것을 걸고 즐긴다고 생각을 하면 된다. 이처럼 우리는 내기에 어느 정도 적응이 되어있어서 골프 라운드에서도 내기가 없으면 다소 심심하고 무료하게 느껴지는 경우가 있다.

사실 골프에서 내기를 하는 이유 중 하나는 비용 계산에 있어 구조적인 것이 있다. 골프장에서 발생하는 모든 비용이 경기를 마친 후 N분의 1로 각자 계산이 된다면 타수에 관계없이 즐기는 명랑 골프를 쳐도 되지만, 캐디 피나 라운드 후 식사비 등 프런트front에서 정산이 되지 않는 추가적인 공통경비가 발생하는데 이것을 어떻게 조달하느냐에 대한 문제이다. 이렇게 추가적으로 발생하는 공통비용을 마련하는 방법의 일환으로 '내기'가 진행된다.

그런데 내기를 하게 되면 사람들은 평소보다 좀 더 진지하게 공을 치게 되어 타수가 줄어든다. 혹자는 골프를 잘 치려면 두 가지를 해야 하는데 하나는 열심히 '연습'을 하는 것이고 다른 하나는 '내기'를 하는 것이라고 한다.

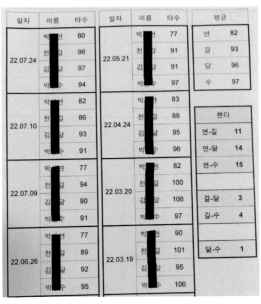

일자	이름	타수	일자	이름	타수	평균	
22.07.24	박■연	80	22.05.21	박■연	77	연	82
	천■길	96		천■길	91	길	93
	김■달	97		김■달	91	달	96
	박■수	94		박■수	97	수	97
22.07.10	박■연	82	22.04.24	박■연	83	핸디	
	천■길	86		천■길	88	연-길	11
	김■달	93		김■달	95	연-달	14
	박■수	91		박■수	96	연-수	15
22.07.09	박■연	77	22.03.20	박■연	82		
	천■길	94		천■길	100	길-달	3
	김■달	90		김■달	106	길-수	4
	박■수	91		박■수	97		
22.06.26	박■연	77	22.03.19	박■연	90		
	천■길	89		천■길	101	달-수	1
	김■달	92		김■달	95		
	박■수	95		박■수	106		

골프를 자주 치는 친구들과 10라운드 평균 핸디캡을 적용해 소액의 내기를 한다. 골프장 난이도에 따라 스코어 차이가 발생하지만 평균 핸디캡은 어느 정도 타당성이 있다. 상기 스코어는 스트로크 게임으로 내기가 걸려있어서 일반구역에서는 절대 공을 건드릴 수 없는 대한골프협회 규칙을 적용하여 라운드한 결과이다.

필자도 친한 친구들과 2년 정도 공을 치면서 매번 친 핸디캡을 엑셀시트로 누적 관리하면서 최근 10회 평균 핸디캡을 적용하여 스트로크 게임을 하였다. 그 결과 4명 모두 평균타수가 줄어들었다. 이미 수십 년간 공을 쳐왔기에 이를 줄이기는 어렵다고 생각을 하고 시작했지만 20회 이상 라운드 결과를 평균 내어보니 개인별로 평균 5~7타 정도를 줄였다. 물론 천 원짜리 내기여서 여기서 일등을 하면 명예는 본인이 가지고 자기 돈을 보태서 그늘 집 음료비나 점심값을 계산해야 하는 단점이 있다.

필자가 경험한 바에 의하면 내기의 장점은 첫째, 신중을 기하여 정확히 치러고 한다. 둘째, 규칙대로 경기를 진행하고 이를 지키려 한다. 셋째, 골프에 대해 고민을 하고 샷을 개선하기 위해 연습을 하거나 이론적 지식을 늘리려고 한다는 것이다.

손실 기피 편향

사소한 내기지만 내기의 결과가 안 좋았을 경우 기분이 좋을 수는 없다. 사람들은 손실을 싫어한다. 똑같은 대상을 놓고도 그것을 잃었을 때 느끼는 실망감은 그것을 얻었을 때 느끼는 기쁨의 두 배에 달한다. 좀 더 전문적인 용어로 '손실 기피loss aversion'라고 한다.

동전 던지기 내기를 한다고 가정을 하자. 동전의 앞면이 나오면 당신이 X달러를 따고 뒷면이 나오면 100달러를 잃는다. 그러면 X가 얼마가 될 때 내기를 하겠는가? 대부분의 사람들은 이 질문에 대략 200달러라고 답한다. 즉, 200달러를 딸 가능성이 있어야만 100달러의 손해를 감수하겠다는 의미이다.[59]

우리는 심리학이나 마케팅 이론에서 손실이 이익보다 더 크게 영향을 미치기에 사람들은 자기가 가진 것은 빼앗길 때가 더 고통스럽고 상실감이 크다고 한다. 게임이론에서도 이익도 중요하지만 손실을 보지 않는 방향으로 의사결정을 한다.

프로들은 버디도 좋지만 보기 하는 것을 꺼린다. 골프 중계방송을 보면 어느 선수가 오늘 노보기 플레이를 보여준다며 경기를 잘하고 있다는 이야기를 한다. 즉, 동일한 3언더파를 기록한 경우라도 파 15개, 버디 3개는 잘 친 것으로 이야기하고, 파 9개, 보기 3개, 그리고 버디 6개에 대해서는 같은 결과이지만 샷을 조금 다듬을 필요가 있다고 해설하는 경우를 간혹 볼 것이다. 이는 '보기'라는 타수를 잃는 손실이 '버디'로 타수를 만회한 것보다 선수들에게 심리적으로 2배 이상 부담을 주는 것으로 해석할 수 있다.

80대 주말 골프라면 첫 홀에 보기를 하지 않고 파를 유지하도록 노력해야 하며, 90대 주말 골퍼라면 첫 홀에 더블 보기 이상을 절대 하지 않을 생각으로 티샷과 게임 운영을 해야 한다. 첫 홀부터 더블 보기 이상을 한다면 시작부터 상실감이 들어 남은 홀에 대한 전반적인 진행에 부담을 느낄 가능성이 크다.

내기를 하는 경우 내기 결과 손실 수준에 대한 심리적인 회복탄력성 resilience이 어느 정도 있어야 한다. 나는 이 회복탄력성 수준이 개인마다 차이가 있겠지만 그린피의 50% 수준이라고 본다. 예를 들어 그린피가 A 원이면 0.5A 원의 추가적인 비용을 내기 형태로 모아서 캐디피나 식음료대 등 공용경비로 사용하는 예상 금액 수준이다. 물론 그린피인 A가 비싼 곳에 간다면 품격 유지를 위해 추가적인 공용비용도 올라갈 것으로 예상한다.

내기는 즐겁게 운동하기 위한 수단인데 너무 과도한 액수의 내기를 하면 골프보다 돈이 우선이 되는 주객전도主客顚倒 현상이 생긴다. 그렇게 되면 일부 동반자의 경우 회복탄력성 범위를 벗어나게 되어 다툼의

골프에 비즈니스적 해석을 담다

소지가 생긴다. 필자의 경험으로 보아 핸디캡이 5 이상 차이가 나면 이길 확률이 아주 희박한 것이 골프이므로 일반적으로 인정되기 어려운 큰 금액의 내기는 절대 하지 말 것을 권한다.

에피소드: 주머니 속 몇만 원

필자의 아내는 남편이 골프장에서 내기를 해서 늘 이기는 줄 안다. 그 이유는 골프를 치고 집에 와서 세탁물을 내놓을 때 바지 주머니에 가끔 만 원짜리 한두 장과 천 원짜리 몇 장을 넣어놓는다. 아내는 세탁물을 세탁기에 넣기 전에 사전 점검하다가 그 돈을 찾으면 수백만 원을 발견한 듯이 좋아한다.

골프라는 운동은 아침에 나가서 저녁에 돌아오는 하루가 걸리는 행사이다. 아침에 가지런히 옷을 챙겨주고 문 앞까지 배웅하는 아내의 정성이 있다면 그날 골프는 출발부터 기분이 좋아 싱글 스코어를 칠 듯이 잘 맞을 것이다. 반면 문 열고 나가는 소리에 아내가 깰까 봐 까치발로 살금살금 나와야 하는 처지이거나, 아니면 뒤통수를 작렬하는 한마디를 듣고 나오면 정말 그날 공은 출발부터 잘 안 맞을 것 같은 느낌이 들 것이다.

골프를 치고 온 남편의 골프복을 정리하다가 발견한 얼마 안 되는 불로소득에 대한 아내의 사소한 기쁜 기억이 남아 있다면 다음에 공을 치러 갈 때 좋은 소리를 할 것이라는 기대감을 가지게 한다. 억만장자라 하더라도 가족으로부터 받은 의미 있는 작은 선물에 감격하는 경우가 있다고 하니 골프를 치고 왔을 때 사소한 금액으로 잠시나마 아내에게 기쁨을 줄 수 있다면 무슨 일인들 못 할까?

13

다시 돌아오지 않는 골프공

"로스트 볼이 났다고 불평이나 잔소리를 해서는 아니 된다.
로스트 볼은 골프게임의 한 요소이다."

- 찰스 맥도널드 -

이미 친 공에 미련 버리기

대한골프협회 골프 규칙 6.3a에 의하면 티오프한 후 그 홀이 끝날 때까지 플레이어는 원칙적으로 티오프 한 그 볼로 플레이를 해야 한다. 잘못된 볼이나 규칙에서 교체가 허용되지 않을 때 교체한 볼에 스트로크를 한 경우 플레이어는 페널티를 받는다. 플레이어는 자신이 플레이할 볼에 식별표시를 해두어야 한다.[60]

구기 종목은 다 같이 공을 사용하는 운동이지만 골프와 다른 구기 종목을 보면 차이가 있다. 축구는 공이 경기장 밖으로 나가면 다른 공을 가지고 스로인이나 코너킥을 통하여 경기 재개가 가능하다. 오히려 경기 진행을 신속하게 진행하기 위해 볼 보이를 두거나 다른 공을 사용하기도 한다. 야구는 파울볼을 몇 개 쳐도 아무 문제가 없다. 볼은 심판을 통하여 계속 제공이 된다. 그러나 골프의 경우, 티잉 구역에서 티샷을 한 후 그 홀을 홀 아웃 할 때까지 공을 바꿀 수 없다. 골프는 지금 플레이하고 있는 공이 중요하다. 이것이 분실이 되거나 규정이 허용되지 않는 상태에서 교체하게 되면 벌타를 받아야 한다.

심판이 없는 유일한 스포츠

Bobby Jones and the 1930 Grand Slam
A 30th Anniversary Celebration

Presented by the Golf Heritage Society and the Society of History Golfers

1925년 US 오픈.
최종 라운드에서 선두를 유지하고 있던 바비 존스(미국)는 러프에서 어드레스 하는 사이 공이 움직이자 아무도 본 사람이 없었음에도 경기위원회에 자진 신고해 1벌타를 받았다. 이 벌타로 인해 연장전에 돌입했고 끝내 준우승에 그쳤다.

존스는 경기 후 자신을 칭송하는 목소리에 대해 **"규칙대로 경기한 사람을 칭찬하는 것은 은행에서 강도 짓을 하지 않았다고 칭찬하는 것과 같다"**고 말했다.
미국골프협회(USGA)는 존스의 이 같은 신념을 담고 있는 **'바비 존스상'**을 1955년부터 매년 시상하고 있다.

출처: http://blog.naver.com/storyphoto/viewer.jsp?src

2022년 6월 16일 한국여자오픈 1라운드 15번 홀에서 오구 플레이를 한 '윤ㅇㅇ' 선수는 이를 숨기고 있다가 한 달 후 KGA에 자진 신고하여 3년 출전정지 징계를 받았다. 바비 존스와 너무 대비가 된다. (오구 플레이: 플레이어 본인의 공이 아닌 볼을 쳤을 때를 말하며, 그 플레이는 무효가 되며 2벌타를 받는다. 이후 자신의 원구를 찾아 그 지점에서 다시 쳐야 한다.)

현존하는 최고의 SF 소설가로 추앙받는 테드 창Ted Chiang은 그의 단편집에서 세상에는 돌아오지 않는 네 가지가 있다고 이야기하고 있다. ①입 밖에 낸 말, ②공중에 쏜 화살, ③지나간 인생, ④놓쳐버린 기

회이다.[61]

여기에 필자가 하나를 더 추가하자면 '방금 샷을 한 골프공'이다. 골프도 스윙이 이루어지면 두 번째 기회란 존재하지 않는다. 한번 떠난 공은 영원히 원래의 자리로 돌아오지 않는다. 그래서 샷을 하는 동안 집중이 필요하다. 10초만 집중하면 되는데 그걸 집중하지 못해 미스 샷을 내고 나서는 스스로를 원망하는 경우가 빈번히 발생한다.

소모품이지만 주인공 역할을 하는 골프공

프로선수가 가장 신중하게 교체하는 용품은 뭘까. "드라이버를 바꾸면 드라이버만 연습하면 되지만 공을 바꾸면 모든 클럽을 다 연습해야 하죠." 타이거 우즈Tiger Woods의 말이다. 골프공은 라운드 중 필수이자 그 자체로 목적이며 가장 중요한 요소라는 것을 의미하는 말로, 프로선수들이 클럽은 바꾸지만 공을 좀처럼 바꾸지 않는 이유이기도 하다.[62]

골프공은 소모품이나 공의 재질이나 탄성 등에 따라 경기력에 상당한 차이가 있어 프로는 물론 일반 골퍼들 입장에서 매우 중요하다고 한다. 골프 클럽이 '활'이라면 골프공은 '화살'이다. 활의 성능도 중요하지만, 화살이 좋아야 더 멀리 날아가 정확하게 목표물을 맞힐 수 있다. 주말 골퍼들은 골프채 선택에 쏟는 정성만큼이나 골프공 선택에도 관심을 기울여야 한다.

1990년부터 개정된 미국골프협회USGA 규정에 따라 직경 42.67mm 이상의 골프공을 사용하게 되었다. 또한 공이 몇 겹으로 구성되어 있는지에 따라 투피스(2겹), 쓰리피스(3겹), 포피스(4겹)로 구분한다. 투피스는 런이 많아 장타가 나오지만 딱딱한 느낌으로 하급자들이 많이 쓰고, 쓰리피스는 비거리가 떨어지나 회전이 잘 걸려 싱글골퍼들이 주로 사용하며, 포피스는 드라이버 스핀을 낮추고 어프로치 스핀을 높여주는 고난도의 컨트롤 샷이 가능하다고 한다.[63]

일반 아마추어 골퍼의 경우 공에 따라 샷의 결과가 차이 난다는 것을 인식하기가 어렵다. 필자 역시 공에 따른 차이를 잘 느끼지 못하는데, 그 이유는 샷이 일정해야 공에 대한 차이를 느끼는데 샷이 일정하지 않기 때문에 공에 대한 것을 제대로 느낄 수가 없는 것으로 판단된다.

네이버 스포츠 타이틀리스트 광고화면 (2022.8.28.)

골프에 비즈니스적 해석을 담다

2021년 한 해 동안 미국과 한국 남녀 프로 4개 투어의 타이틀리스트 볼 사용률은 평균 70%를 넘었다. 각 투어 2위 브랜드의 평균 사용률은 10%를 조금 넘는 데 그쳤다. 타이틀리스트는 특정 선수 한두 명에 집중하는 '스타 마케팅'보다 '사용률 마케팅'에 집중한다. 이 회사 관계자는 "골프를 직업으로 삼고 전문적으로 다루는 수많은 프로 선수 중 절대다수가 선택하는 제품이라면 '이것은 곧 최고의 제품'이라는 인식이 심어진다"라고 설명했다.[64]

아마추어의 경우 골프공 브랜드에 대한 개별 선호도는 다소 차이가 있지만 그래도 프로 선수들이 많이 사용하는 인기 있는 제품을 선호하는 편이다. 그런데 이러한 제품류는 가격이 조금 비싼 편이어서 공하나 잊어버리면 4~5천 원 하는 김밥 한 줄이 날아가 버리는 것 같아 쉽게 손이 가지 않을 수 있다. 새 골프공으로 친 첫 샷이 바로 로스트볼이 되면 가격도 가격이지만 심리적으로 아깝다는 생각이 들어 대부분 아쉬운 한마디씩을 한다.

골프공이 분실되지 않는다고 하나의 공으로 너무 많은 홀을 진행하면 공의 표면 딤플이 마모되어 아무래도 거리와 방향에 영향을 미친다. 남자들은 골프장갑 한 번 더 사용하려다가 손에 물집이 생기거나, 면도날 한 번 더 쓸려고 하다가 마침내 피를 보게 된다는 우스갯소리도 있듯이 적정한 시기에 공을 교환해서 사용해야 한다.

고무가 주원료인 골프공은 기온 변화에 가장 민감하다. 기온이 낮아지는 겨울철에는 거리가 줄어든다는 이론에 필자도 동의하며 아이언 샷의 경우 한 클럽 더 잡는데, 여기에는 두 가지 관점에서 살펴볼 필요가 있다.

하나는 낮아진 공기 온도에 따른 영향이다. 차가운 공기가 따뜻한 공기에 비해 밀도가 높아 골프공에 가해지는 양력과 항력에 모두 영향을 끼쳐 큰 저항이 발생해 비거리가 짧아진다. 프랭크 토머스Frank Thomas 전 미국골프협회 기술 디렉터는 약 26.6℃ 기온에서 드라이버로 251.9야드를 보내는 골퍼가 약 4.4℃ 기온에서는 244.3야드에 그쳐 7.6야드의 비거리 손실이 발생한다고 했다. 다른 하나는 골프공 자체의 온도가 낮아졌을 때다. 골프공의 온도가 차갑게 낮아지면 고무 소재의 복원력과 탄성이 떨어져 비거리 손실로 이어질 수 있다.[65]

이러한 점에 착안하여 추운 날씨에 라운드를 나가게 되면 공기 자체는 따뜻하게 할 수 없으므로 티샷 전에 공을 주머니 속에 넣거나 핫팩을 사용하여 공을 따뜻하게 한 후 티샷을 할 필요가 있다.

흔한 듯 귀한 골프공

현역에서 은퇴를 하고 몇 년이 지나면 평상시에는 대수롭지 않게 생각하던 골프공이 아쉬워지는 경우가 있다. 선배들이 "은퇴하고 나면 공식적인 행사가 없어서 골프공과 수건이 귀해진다"라고 한 말이 기억난다. 골프공은 일부 사서 쓰기도 하지만 골프를 치다 보면 여러 가지 경로로 공이 생기는 경우가 있다. 단체행사 시상 상품 혹은 참가 기념품, 홀인원이나 이글 기념품, 회사 방문 기념품, 그리고 의전용으로 가져오는 공 등을 받기도 하고 주기도 한다.

필자가 모아놓은 여러 가지 기념 골프공이다. (좌측 상단에서 시계방향) 이글 기념, 홀인원 기념, 남여주CC 방문 기념, 전남드래곤즈 20주년 기념, 포레카 설립 기념, 친구 환갑 기념.

일상적인 라운드를 하다 보면 공과 관련된 에피소드episode가 있는데 일부는 매너와도 관련이 있어서 필자가 경험한 것 중 몇 가지 사례를 이야기하고자 한다.

첫째, 비즈니스나 의전 목적 혹은 친분이나 분위기를 좋게 시작하려고 동반자 중 한 명이 가져온 공을 받을 때는 감사하다는 뜻을 말이나 표정으로 상대방에게 전달하는 것이 필요하다. 골프공 한 줄(3개입)은 평균적으로 일만 오천 원 정도의 가격인데 본인 돈으로 직접 사면 귀한 공이고 남이 주면 의례적이고 당연히 받는 흔한 공으로 취급하는 것은 다소 잘못된 태도라고 생각한다.

몇 년 전 일이다. 대학 시절 동아리 선후배 모임이 사회에서도 계속되어 어느 날 골프 라운드를 하는 날이었다. 필자가 B사 골프공을 나누어 주려고 하니 후배 한 명이 "그런 공은 줘도 안 씁니다. 최소한 '타이틀'은 되어야지요."라고 말하는 것을 들었다. 이런 말을 한 후배를 그날 이후 다시는 만나지 않았고 그 모임에도 나가지 않고 있다.

둘째, 골프장에서 발생하는 진풍경 중 하나로, 캐디백에 해저드에 빠진 공을 건져 내는 낚싯대 같은 장비를 넣어 다니는 사람들을 가끔 볼 수 있다. 그런데 해저드에서 공을 건지는 데 관심을 가지다 보니 안전사고 우려 등 공치는 분위기를 흩트리거나 전반적인 경기 진행을 지연시키는 경우가 발생한다. 다른 경우는 라운드 도중 숲속으로 분실구를 찾으러 갔다가 필요 이상의 시간을 소모하고 로스트 볼을 한 움큼 들고나오는 사람도 있다.

우리나라 골프장은 필드 운영 여건상 팀 간 간격에 지연이 생기면 빠른 진행을 재촉하므로 동반자의 리듬을 흩트러서 샷에 지장을 초래할 수 있으므로 로스트볼을 건지거나 줍는데 신경을 쓸 것이 아니라 본연의 라운드에 집중해야 한다.

골프에 비즈니스적 해석을 담다

셋째, 여분의 공을 가지고 다니지 않아서 민폐를 끼치는 경우가 있다. 티잉 그라운드에서 친 티샷이 오비가 나거나 해저드에 공이 들어가면 카트가 가까운 곳에 있기 때문에 본인의 캐디백에서 바로 다른 공을 가져와서 잠정구를 치면 크게 문제가 될 것은 없다. 그러나 세컨드 샷부터 오비가 나거나 페널티 구역으로 공이 들어가 찾지를 못하면 잠정구를 쳐야 하는데 여분의 공을 소지하고 있지 않으면 멀리 떨어져 있는 캐디에게 공을 가져다 달라고 하는 경우가 있다. 이렇게 되면 다른 동반자 중 일부는 어드레스를 풀고 대기를 하는 등 전반적인 경기 템포가 어긋나는 경우가 발생한다.

어느 정도 샷을 컨트롤할 능력이 되지 않고 핸디캡이 높은 사람들은 경기 중 분실구가 생길 경우를 대비하여 항상 여분의 공을 휴대하고 다닐 것을 권유한다.

14

퍼팅은 또 다른 게임 I

"골프라는 불가사의한 게임 중에 가장 불가사의한 게임은 퍼팅
이다."

- 보비 존스 -

가장 많이 쓰는 클럽은 퍼터

골프의 완성은 퍼팅이다. 골프에서 퍼팅은 기존의 클럽과는 아주 다
른 방식의 게임이다. 또한 길어도 30미터 이내, 짧을 경우 1미터 이내
의 거리를 아주 예민하게 실수하지 않고 쳐야 하므로 거리와 방향, 스
트로크 강도가 일정해야 한다. 기존의 드라이버나 아이언을 잘 친다고
퍼팅을 잘한다는 상관관계는 없다. 그리고 치는 방법 역시 다른 클럽
과 차이가 있다.

골프에서 공을 홀에 넣지 않는 한 그 홀은 당연히 마무리되지 못하

고 다음 홀 티샷을 시작할 수 없다. 이처럼 마무리가 중요한데 일반적으로 프로선수 대비 주말골퍼들은 퍼팅 연습에 시간을 많이 투자하지 않는 편이다. **"아마추어는 티잉 구역에서 홀에 이르는 연습을 하고, 프로는 홀에서부터 티잉 구역에 이르는 연습을 한다"**는 말은 프로가 **퍼팅 연습에 쏟는 정성을 강조한다.**[66]

골프를 치는 사람이라면 누구라도 18홀을 진행하면서 퍼터를 가장 많이 사용한다는 사실을 알고 있다. 실전 라운드에서 이븐파인 72타를 친다는 전제로 타수를 계산해보면, 드라이버는 14번, 우드 4번, 아이언은 18번, 퍼터는 36번을 사용한다. 물론 모든 홀에서 퍼트를 2번에 끝낸다는 전제인데, 3퍼트 심지어는 4퍼트까지 하게 된다는 가정을 하면 퍼팅의 중요성은 아무리 강조해도 지나침이 없을 것이다.

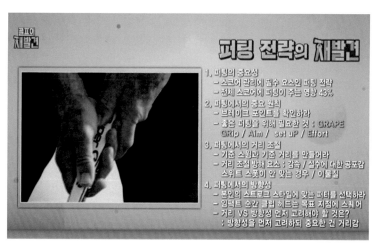

Jtbc TV '골프의 재발견'에서 퍼팅이 전체 스코어에 주는 영향이 43%로 퍼팅의 중요성을 강조한다. 좋은 퍼팅을 위해서 퍼팅의 중요원칙인 'GRAPE'가 필요한데, 그중에서 'Effort(노력)' 없이는 어렵다는 이야기는 연습 시간의 43%를 퍼팅에 할애하라는 뜻으로 들린다. (2021.10.28.)

프로선수들은 퍼팅이 잘 되지 않으면 우승하기가 힘이 든다. 2021년 10월 17일 전북 익산 CC에서 열린 한국여자프로골프 투어 동부건설·한국토지신탁 챔피언십 최종 라운드에서 역전 우승을 달성한 이정민(29)은 무관으로 지낸 지난 5년을 '상처'와 '두려움'을 극복하는 과정이었다고 말했다. 이정민은 퍼팅에 그동안 많은 공을 들였다고 한다. 그는 "우승 퍼트를 마치 1번 홀 퍼트인 양 해내고, 승부처에서 결정적인 퍼트도 무심히 해내려고 노력했다"라고 말했다. '별짓'을 다했다는 이정민은 "대회 때 눈을 감고도 쳐보고, (볼이 아닌) 딴 데 보고도 쳐보고, 엄청 빠른 스트로크도 해봤다"라고 털어놨다.[67]

숏 퍼트의 중요성

만약 어떤 골퍼가 그린 홀컵 1.5미터 이내의 거리에서 퍼터를 사용하여 홀인 가능성이 90% 이상이 된다고 하면 2퍼트로 그 홀을 무난히 마칠 수 있다. 그린에 올라온 공이 비록 홀컵과 많이 떨어져 있어도 첫 퍼트로 직경 3미터 원안(홀컵을 기준으로 1.5미터 반지름인 원)에 넣는다는 생각으로 퍼팅을 하면 되니까 말이다. 이만큼 숏 퍼트에 대한 자신감과 성공 여부가 경기를 전략적으로 운영하는 데 미치는 영향이 매우 크다고 본다.

주변에 골프를 잘 치는 낮은 핸디캡을 가진 고수들은 숏 퍼트를 놓

골프에 비즈니스적 해석을 담다

치는 경우가 매우 드물다. 숏 퍼트를 놓치면 마음에 부담이 되어 다음 홀, 심지어는 그다음 서너 홀까지 심적으로 불안해지고 다른 샷에도 영향을 미치게 된다. 프로들도 숏 퍼트를 놓쳐서 경기 흐름을 망치고 더 나아가서는 우승을 놓치는 경우를 가끔 보아왔다.

오래전 이야기이지만, 2012년 LPGA 메이저 대회인 크라프트 나비스코 챔피언십에서 김인경 선수는 50㎝ 거리의 퍼트를 실수해 결국 연장전 끝에 우승을 유선영 선수에게 내준 뒤 2016년 레인우드 LPGA 클래식 우승까지 길고 긴 침체의 터널에 갇혔다. 그를 두고 많은 골프 팬들이 과연 재기에 성공할 수 있을까 하고 당시에는 많은 걱정을 했었다. 우스갯소리로 숏 퍼트를 남기면 '김인경 거리'라고 한마디씩 하면서 상대방에게 컨시드를 못 준다며 스트레스를 주기도 했다.

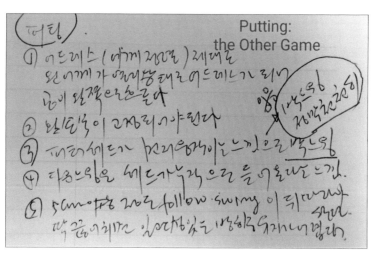

퍼팅 시 공의 직진성이나 타구감이 좋지 않은 경우를 대비해 필자가 반드시 기억해야 할 5가지 사항을 메모해 두고 연습그린에서 이를 몸에 기억시킨다.

"1미터 내외 거리의 숏 퍼트는 성공해도 흰머리가 10개 나고 실패하면 흰머리가 30개 난다"라고 필자는 자주 이야기한다. 숏 퍼트는 성공하면 당연한 듯 여기지만 실패했을 때는 소심한 사람으로 여겨질 수도 있다. 자주 실수하다 보면 자칫 '입스 증후군'이나 '멘털 붕괴'로 이어질 수도 있다. **'밑져야 본전'이라는 배짱이 필요한 짧은 거리의 퍼팅은 '실력'보다는 '멘털'의 영향이 더 크다고 보는 전문가가 많다.**

누군가 '퍼팅은 마음의 게임'이라고 했다. 전설적인 골퍼 보비 존스 Bobby Jones는 "긴장과 불안은 부주의보다 더 많은 실수를 만들어낸다"라고 말했다. 살아 있는 골프 전설 잭 니클라우스Jack William Nicklaus는 "퍼팅을 못 한다고 스스로 평가하는 골퍼는 3피트 이내에서조차 홀에 집어넣을 수 없기 때문에 1페소 이상 내기도 할 수 없을 것"이라고 멘털의 중요성을 강조한 바 있다.[68]

15

퍼팅은 또 다른 게임 Ⅱ

"퍼트라인 읽기는 항상 제일감, 즉 최초의 판단이 가장 정확하다.
그것을 수정하면 대개는 라인을 벗어난다."

- 조지 덩컨 -

그린을 읽는 3가지 유형

사람들이 어떤 사안에 대해서 의사결정을 하는 경우에 주로 3가지
방법으로 의사결정을 하는 편이다. 합리적 접근방법, 제한된 합리성,
그리고 직관. 이 세 가지이다.[69] 퍼팅에서도 플레이어가 라인이나 경사
를 읽는 데 있어 이 세 가시 방법이 활용되는데, 이는 개인성격이나 핸
디캡에 따라 서로 다른 방법을 사용한다.

(1) 합리적 접근방법(합리적 모델)
문제를 체계적으로 분석을 하고, 해결안을 선택하고, 시행하는 단계

들을 논리적으로 순차적으로 하여 의사결정을 하는 것을 말한다. 의사결정 단계에서 비체계적이고 임의적으로 하는 것을 방지하고자 하는 목적을 가지고 있다. 합리적 의사결정 모형은 매우 이상적이나 불확실하고 복잡한 변화가 있는 현실에서는 제대로 작동하지 않을 수가 있다.

퍼팅을 하는 경우 합리적 접근 방법을 쓰는 사람들은 캐디에게 질문을 많이 하는 경향이 있다. 문제를 체계적으로 분석하기 위해 여러 가지 정보가 필요한데 경사가 어느 정도 되는지, 라인이 어떻게 되는지, 그린 스피드가 얼마인지 등과 같은 사항을 상세히 묻는 경향이 있다. 더한 경우에는 경사가 몇 도 혹은 몇 퍼센트가 되는지를 질문하는 사람들이 있다. 사람마다 눈의 차이가 있어서 캐디가 그린 경사가 몇 도인지를 정확히 알기도 어렵고, 예를 들어 20도라고 하더라도 듣는 사람의 눈으로 20도의 경사는 차이가 날 수 있다. 이런 사람들은 너무 많은 정보로 인해 의사결정의 혼선으로 아무래도 정확한 퍼팅을 하기는 쉽지 않을 수도 있다.

일반적으로 5미터 이내의 짧은 거리의 퍼트가 남아있는 경우에는 대부분의 사람들이 홀 인을 노리는 경향이 있어 '많은 정보를 분석하는 합리적 모델 방법'에 따라 퍼팅을 할 가능성이 크다.

(2) 제한된 합리성

의사결정이 신속히 이루어져야 하고 시간이 부족하면 체계적인 분석이 사실상 불가능한 경우가 많다. 모든 경우의 수를 충분히 고려하기가 어려운 경우나 복잡한 문제들을 합리적으로 해결하는 데는 제한적

볼이 그린에 올라가면 플레이어는 반드시 본인이 마크부터 해야 한다. 흔히들 캐디가 마크해줄 때까지 기다리는 사람들이 있는데, 골프 규칙상 플레이어 이외의 사람이 공을 들어 올리거나 리플레이스를 할 수 없다. 특히 중장거리 퍼팅 시 방향이 다르다고 마크하지 않고 그냥 두는 통에 공이 부딪혀 2 벌타를 받는 경우가 발생한다. (대한골프협회 홈페이지)

일 수밖에 없다. 대학을 졸업하고 직장을 선택하는 경우 취업이 가능한 수백 개 회사를 모두 다 다니면서 원하는 직장을 선택해야 하지만, 실제로는 시간과 비용의 제약, 그리고 본인의 자력을 고려하여 그 수에 훨씬 못 미치는 몇몇 기업을 선택하여 지원하게 되는 것이다.

그린에서 제한된 합리성 관점에서 의사결정을 할 경우는 주로 10미터 이상의 중장거리 퍼팅을 할 경우에 이 방법이 많이 적용된다. 사람들은 3퍼트가 나오지 않고 2퍼트로 마무리하기를 기대하기 때문에 복잡하고 다차원적인 분석을 하지 않고 가급적 홀 인근에 붙이는 퍼팅을 하게 된다. **완벽한 그린 경사나 라인을 계산하지 않고 전반적으로 '이**

정도면 충분하다good enough'고 생각되면 첫 퍼트에서 공이 홀컵 인근에 도달하기를 기대하면서 퍼팅을 한다. 이 때는 캐디에게 세부적인 질문을 그다지 많이 하지 않는다.

(3) 직관

논리적인 과정이나 명백한 추론보다는 경험과 판단이 활용된다. 직관은 잠재의식 속에 쌓여 있는 오래된 실제 경험에서 비롯되는 것으로 독단적이거나 불합리한 것은 아니다. 오랜 경험을 바탕으로 한 직관을 활용하면 문제를 빠르게 감지하고 이해할 수 있을 뿐만 아니라 본능적인 느낌과 예감을 통해 신속한 의사결정을 할 수가 있다.

그린에서 캐디에게 여러 가지 질문 보다는 스스로 라인을 보며 홀컵 앞뒤로 움직이는 사람들이 있다. 본인이 보기에 애매한 상황이 있으면 캐디에게 한 번 정도 확인을 위한 질문을 한다. 이런 사람들은 고수들로서 그린에서 2미터 이내의 짧은 거리의 퍼트를 실수할 확률이 매우 낮고, 중장거리 퍼트도 공을 홀컵 인근에 잘 붙인다. **소위 말해서 감각적으로 퍼팅을 하는데, 수많은 퍼팅 경험을 바탕으로 직관적으로 라인이나 경사를 보고 퍼팅을 실행하는 것이다.**

그린에서 캐디에게 질문이 많고 캐디 의존도가 높을수록 퍼팅에 대한 직관이 생기지 않는다. 퍼팅에서 직관을 키울 수 있도록 그린을 읽는 경험치를 스스로 지속적으로 축적해 나가야 진정한 고수가 될 수 있다.

골프에 비즈니스적 해석을 담다

네벌 업, 네벌 인 Never up, Never in

"퍼팅할 때 공이 홀에 미치지 못하면 절대 들어가지 않는다"는 뜻이다. 디오픈The Open을 4차례나 제패한 '골프 전설' 톰 모리스Tom Morris(스코틀랜드)의 유명한 격언이다. 미국 골프아카데미에서는 실제 프로 지망생들에게 "17인치(43cm) 지나가게 퍼팅하라"라고 가르친다. 17인치는 쉽게 1퍼트로 마무리할 수 있는 거리다. 미국에서는 "짧은 퍼팅은 골프 역사 300년 동안 한 번도 들어간 적이 없다"는 우스갯소리가 있다.[70]

아마추어 골퍼는 이 격언을 잘 지키려고 너무 세게 쳐서 홀컵을 많이 지나치면 과유불급(過猶不及: 지나친 것은 미치지 못한 것과 같다)으로 마무리 퍼팅에 곤란을 겪어 3퍼트를 할 수 있다. 골프에서 가장 금기시하

경기 과천 자하동길 '과천골프연습장' 로커 입구에 'Never up, Never in'을 한자로 표현한 '부달불입(不達不入: 도달하지 못하면 들어가지 않는다)' 액자가 있다. (2022.1.20.)

는 3퍼트를 방지하기 위해 교토삼굴(狡兎三窟: 현명한 토끼는 숨을 수 있는 세 개의 굴을 파놓는다)을 생각하며 다음에 남는 퍼트가 내리막이나 슬라이스 혹은 훅과 같은 옆 경사가 되지 않도록 첫 퍼트를 유의해서 잘해야 한다.

퍼팅을 하다가 홀 컵 옆에 짧은 거리가 남게 되면 일반 아마추어 골퍼의 경우 홀 아웃을 끝까지 하지 않고 '컨시드concede'를 주게 된다. 컨시드는 매치 플레이 방식 골프 경기에서 짧은 거리 퍼팅을 성공한 것으로 인정해주는 것을 말한다. 흔히 '오케이OK'라고 하는 컨시드는 실패할 가능성이 거의 없는 1m 안팎의 거리 정도에서 용인이 되나 승패와 상관없으면 아주 먼 거리도 컨시드를 주고받는다.

2021년 9월 미국의 압승으로 끝난 미국-유럽 골프 대항전 라이더컵 때 미국의 브라이슨 디섐보Bryson DeChambeau는 짧은 거리의 퍼트에 컨시드를 주지 않는다고 공개적으로 불만을 표시했다. 퍼터 샤프트 길이 남짓 퍼트라면 컨시드를 주는 게 관행인데 주지 않았다고, 퍼터를 그린에 눕혀 거리를 재는 모습을 연출한 것이다.[71]

이렇듯 컨시드에 대한 딱 부러진 기준이 없다 보니 컨시드 여부를 놓고 마음 상하는 일이 종종 벌어진다. 일반 아마추어 골퍼들은 매치 플레이가 아니라도 컨시드를 주고받는 게 일상인 한국에서 컨시드 때문에 우정에 금이 가는 일도 더러 있다. 받을만한 거리라고 생각했는데 컨시드를 주지 않으면 서운한 감정이 드는 것이 인지상정이다. **네 명이 함께 골프를 치는데 상대에 따라 컨시드 기준 거리가 다르**

면 분위기가 어색해질 수도 있기 때문에 가능하면 컨시드 기준 거리를 첫 홀 티샷 이전에 팀 룰로 미리 정해놓고 지키는 것이 좋다. 간혹 '먹갈치'냐 '은갈치'로 컨시드 허용범위를 정하는 경우가 있는데, 먹갈치는 퍼터 그립 끝까지, 은갈치는 퍼터 그립을 제외한 샤프트 길이 안에 붙였을 때를 말하는 은어이다.

퍼팅에 부여되는 또 다른 의미는 한 홀을 마무리하고 새로운 시작을 한다는 의미가 있다. 타이거 우즈Tiger Woods의 아버지 얼 우즈Earl Dennison Woods는 "한 홀의 시작은 티잉 구역이 아니라 그전의 퍼팅그린이다"라고 말한 바가 있다. 우리가 운전을 하다가 터널을 빠져나갈 때, 터널이 끝나는 것이 아니라 새로운 도로의 시작이라는 의미와 같다는 생각이 든다.

실제 이전 홀 그린에서 버디를 하게 되면 다음 홀에서 티샷에 상당히 주의를 기울여야 한다. 이전 홀 버디로 감정이 격해져서 다음 홀 티샷을 실수하는 경우가 종종 있다. 또한 숏 퍼트를 놓치거나 3퍼트를 한 경우에도 아쉬운 잔상이 머릿속에 남아 다음 홀 티샷에 영향을 미칠 수가 있다. 이와 같은 관점에서 보면 이전 홀 퍼팅그린이 한 홀의 시작이라는 의미를 되새겨 봄 직하다.

16

제 5의 동반자 캐디 I

"캐디가 당신을 도울 수 있다고 생각한다면,
당신은 아직도 골프를 모른다."

- 던 쟁킨스 -

캐디의 역할과 중요성

일반적으로 주말 아마추어 골퍼들은 4명이 한 팀이 되어 라운드를
한다. 여기에 캐디가 한 명 같이 카트에 동승하여 라운드를 도와준다.
캐디는 사실 5시간 정도를 골프장 이용객들과 같이 보낸다. 그래서 골
프장을 대표하는 지배인이나 관리자가 클럽하우스 입장 시 프런트에
서 열심히 인사하고 눈웃음을 지어도 그것은 찰나의 순간이고 오랜 시
간 동안 같이 있는 캐디가 골프장 이미지 형성에 상당히 중요한 역할
을 한다.

많이 들어본 이야기로 중국집의 매상은 음식 맛으로 올리지만 홀에

골프에 비즈니스적 해석을 담다

서 서비스하는 종업원의 응대에 따라 평판이 달라진다. 지저분한 복장에 푸석한 머리 그리고 안 씻은 듯 보이는 시커먼 손으로 주문한 음식을 식탁으로 가져오면 누가 좋아하겠는가? 골프장 역시 코스 관리나 시설도 중요하지만 손님에게 직접적인 서비스를 제공하는 캐디의 영향이 이에 못지않다.

대한골프협회 골프 규칙 10.3a를 보면 플레이어의 캐디는 라운드 동안 플레이어를 도울 수 있다. 플레이어는 라운드 동안 자신의 클럽을 운반·이동·취급하고 자신에게 어드바이스advice를 해주고 그 밖의 허용된 방식으로 도움을 주는 캐디를 쓸 수 있다. 다만 플레이어가 한 번에 둘 이상의 캐디를 써서는 안 되며, 새로운 캐디로부터 어드바이스를 받으려는 목적만으로 일시적으로 캐디를 바꿔서는 안 된다.[72]

볼 닦아주기, 백 운반하기, 라인 봐주기 등 경기에 필요한 기본업무를 포함해 샷과 코스 매니지먼트에 관한 정보를 제공하고, 선수와 함께 전략을 짠다. 또한 심리적인 측면에서 선수에게 자신감을 주거나 상승세를 탈 때 분위기를 이어갈 수 있도록 하는 것도 캐디 몫이다.

골프장 캐디의 다양한 서비스가 고객의 운동 몰입 및 운동 만족에 어떠한 영향을 미치는지를 규명한 연구 결과를 보면 첫째, 캐디의 의사소통 서비스와 경기 진행 서비스가 고객의 '운동 몰입'에 통계적으로 유의미한 긍정적인 영향을 미치는 것으로 나타났다. 특히, 캐디의 원활한 의사소통 서비스가 운동 몰입에 강한 영향력을 행사하였다. 둘째, 캐디의 측정 및 분석 지원 서비스와 의사소통 서비스, 경기 진행 서비스 그리고 문제 및 상황 대처 서비스가 고객의 '운동 만족'에 통계적으로 유의미한 긍정적인 영향을 미치는 것으로 나타났다. 특히, 캐디의 측정 및 분석 지원 서비스가 고객의 운동 만족에 강한 영향력을 행사하였다.[73]

프로의 경우 캐디의 중요성이 많이 언급되고 있다. 2021년 한국프로골프협회 코리안 투어에 신설된 '올해의 캐디상'은 함정우 선수의 캐디 김용현이 수상했다. 김용현은 2021년 KPGA 코리안투어 전 대회인 17개 대회에서 함정우와 함께하였으며 '현대해상 최경주 인비테이셔널' 우승을 이끌었다.

함정우는 "용현이 형은 코스 안에서 편하게 플레이할 수 있도록 믿음을 준다. 경기 중 선택의 기로에 서 있을 때마다 현명하게 대처할 수 있도록 많은 조언도 해줘 의지가 되고 있다"라고 이야기했다.[74]

캐디의 서비스 품질

우리나라의 경우 골프장의 수준을 평가할 때 빼놓을 수 없는 것이 캐디의 서비스 품질이라고 할 수 있다. 캐디라는 직종의 특성상 오랜 시간을 골프장 이용객과 함께하는 것으로 캐디의 기본적인 예절과 태도, 골프 규칙에 대한 숙지 정도, 축적된 경기 보조 기술은 골프장 이용객의 만족도에 많은 영향을 미치며, 이는 골프장의 이미지 및 재방문에 영향을 주는 중요한 부분 중의 하나이다.

제품 소비와 서비스 소비의 차이점은 일반적으로 4가지로 구분한다. 유형의 제품과 비교해 볼 때 서비스는 ①형체가 없는 무형성intangibility, ②생산·구매·소비가 동시에 이루어지는 동시성 또는 비분리성inseparability, ③서비스의 표준화와 규격화가 어려운 이질성heterogeneity, ④보관과 저장이 불가능한 소멸성perishability이라는 특성을 가지고 있다.[75]

골프장에서 캐디가 제공하는 서비스 소비 경험은 서비스 제공자인 캐디와 소비자인 플레이어가 직접적인 상호작용을 하는 동시성과 비분리성을 가지고 있다. 이 같은 상호작용 속에서 서비스 제공자가 제공하는 서비스의 내용과 품질 수준은 서비스 제공자에 따라 이질적일 수 있고, 또한 동일한 서비스 제공자일지라도 서비스 제공 상황과 서비스 이용자에 따라 다르게 나타날 가능성이 높다. 따라서 서비스 소비 경험은 제품 소비 경험보다 훨씬 변화할 가능성이 크고, 또 그런 만큼 다양한 소비 경험으로 나타날 수 있다.

이러한 서비스 소비 경험의 변화 가능성 때문에 소비자들은 제품 평가보다 서비스 평가를 더 어려워하며, 소비자의 기대 수준을 일정하게 맞추기 힘들기 때문에 불만 수준 역시 제품보다 더 높게 나타날 가능성이 크다고 하겠다. 또한 청소기와 같은 제품의 경우 실용성을 생각하지만, 골프와 같은 상품은 즐거운 느낌이나 감정 수준에 따라서 만족 수준이 달라지는 것이다.[76]

캐디의 서비스 품질에 불만족할 경우 플레이어는 세 가지 형태로 태도 변화를 일으킨다. 재구매 행동을 하지 않거나 부정적 구전효과를 내거나 불평 행동을 하는 경우가 있다.

전남 순천 승주CC(현, 포라이즌CC)에서 캐디와 간담회를 가지는 기회가 있었다. (2012.3.20.) 골프장 코스 상태와 개선점, 내장객의 불만 사항에 대해 가장 많은 정보를 가지고 있는 사람들이 캐디이기에 이러한 정보를 잘 수집하여 서비스 품질향상에 반영되도록 하였다.

첫 번째로 재구매 행동을 하지 않는다는 것이다. 일반 아마추어의 경우 보통 4인당 캐디 한 명이 지원되며 골프장에서 배정된 캐디를 어지간한 이유로는 교체하거나 코스 여건상 캐디 없이 진행하기가 어렵다. 프로 역시 전문 캐디와 함께 라운드를 나서는데 간혹 캐디의 서비스 품질에 대한 불만으로 인해 캐디 없이 라운드를 마치는 경우도 있다.

김해림 프로는 2021년 7월 4일 강원 평창 버치힐CC에서 치러진 한국여자프로골프 투어 맥콜 모나파크 오픈 우승 인터뷰에서 전문 캐디들을 향해 일침을 날렸다.

"전문 캐디라는 분들이 돈 벌기 위한 목적으로만 대회에 온다는 것

골프에 비즈니스적 해석을 담다

에 화가 나 노 캐디no caddy를 한 것도 있다."

3~4일간 이어지는 대회를 뛰면 '초보 캐디'는 주급 100만 원 안팎을 받지만 '챔피언 캐디' 등의 꼬리표가 붙어 인기가 올라가면 150만 원까지 몸값이 뛴다. 최정상급 캐디는 이보다 더 올라간다. 성적에 따라 받는 인센티브는 별도다. 우승 시 상금의 10%, 톱 10 입상 시 상금의 7~8%를 받는 게 최근 시세다. 시즌 상반기나 하반기, 대회 수로 계약할 경우 인센티브제가 있기도 하다. 최근 전문 캐디들이 이와 같이 높은 비용에 비해 선수를 위한 노력이 미흡하다는 것이 김해림 선수가 날 선 반응을 보인 이유다.[77]

두 번째로 골프장 방문 후 캐디 서비스 품질에 대해 '캐디 수준이 엉망 혹은 불친절하다'라는 부정적 구전을 전하는 사람들이 늘어난다는 것이다. 골프장마다 캐디를 평가해서 적절한 조치를 취하겠지만, 요즈음은 구인난으로 인하여 이를 그냥 넘기는 경우도 있다. 또한 다문화 가족이 캐디를 하는 경우에는 기본적인 의사소통이 잘 되지 않아서 진행에 어려움이 있을 수도 있다.

한비자에 구맹주산狗猛酒酸이란 말이 있다. '개가 사나울수록 술이 시큼해진다'는 말이다. 온종일 문 앞을 지키는 사나운 개로 인하여 술집 영업이 되지 않아 술이 쉰다는 뜻인데, 구성원 중에 끼어있는 '사나운 개' 한 마리면 조직을 충분히 망칠 수 있다는 고사성어이다.[78]
서비스 품질기준에 부족한 언행을 하는 캐디로 인하여 부정적 구전이 사람들 입에 오르내리면서 골프장 평판을 저하하고 손님들의 골프장 선택에 부정적 영향을 끼치는 결과를 초래하는 것에 비견되는 이야기이다. 골프장 경영자의 고상한 철학과 원대한 이상, 심지어 뛰어난 자질마저도 손님들과 오랜 시간 직접 접촉하는 캐디 중에 숨어있는 '사나운 개' 한 마리로 인해 무위가 될 수 있다는 사실을 잘 생각해 보아야 한다.

강원 홍천 사인데일CC 로커룸 출입구에 있는 캐디 평가함이다. (2022.4.14.) 필자가 다녀본 골프장 중 가장 우아하게 느껴지는 평가함이다. '매우 감동, 감동, 보통, 불만'과 같이 4단계로 평가하는 골프장도 있다.

세 번째로 불평 행동을 하는 것이다. 제일 먼저 일어나는 행동은 캐디만 모르게 플레이어끼리 캐디의 행동이 느리다든지, 거리가 정확하지 않거나 라인을 잘못 이야기한다는 등의 불평을 하면서 캐디 의존도를 줄인다.

이러한 결과로 일어나는 다음 불평 행동은 팁을 주지 않는다는 것이

골프에 비즈니스적 해석을 담다

다. 라운드가 끝나면 뒤통수가 따갑지 않으려고 정말 웬만하면 팁을 챙겨주는데 팁을 주지 않는다는 것은 캐디 서비스에 대한 불만이 매우 크다는 것이다. 팁은 '기브 앤 테이크give and take'이다. 서비스를 잘 제공(기브)해야 팁을 받을(테이크) 수 있다는 것이다.

불평 행동의 마지막은 경기 후 로커룸으로 들어갈 때 평가표에 부정적 의견을 쓰거나 요금 정산을 하면서 지배인이나 프런트에 캐디에 대한 불평을 털어놓는 것이다.

17

제 5의 동반자 캐디 II

“사랑받고 싶다면 사랑하라, 그리고 사랑스럽게 행동하라.”

- 벤자민 프랭클린-

골퍼가 싫어하는 캐디 vs 캐디가 싫어하는 플레이어

골퍼가 좋아하는 캐디는 라운드 서비스를 잘해주는 캐디이고, 캐디가 좋아하는 플레이어는 스스로 알아서 공을 잘 치는 사람이다. 그래서 좋아하는 유형에 대해서는 생략하고 싫어하는 유형에 대해 이야기하고자 한다. 인터넷 서핑을 해보면 골퍼가 싫어하는 캐디 유형이나 캐디가 진상 골퍼라고 하는 상황에 대해 여러 가지 사례가 다양하게 올라와 있기에 여기에서는 필자가 골프를 치면서 직접 경험하거나 전해들은 내용을 중심으로 이야기하고자 한다.

먼저 골퍼가 싫어하는 캐디 유형은 개인의 성향에 따라 여러 가지가

골프에 비즈니스적 해석을 담다

있겠지만, 그동안 들은 이야기 중 가장 빈도수가 많고 공감이 가는 한 가지는 '**캐디가 라운드를 리드하거나 조언을 해주는 본연의 역할을 넘어서 손님을 교육하거나 훈육하려는 경우**'가 있을 때 골퍼들은 싫어한다.

플레이어가 질문을 하지도 않았는데 스윙의 문제점에 대해 지적을 하거나 골프 매너에 대해 설명을 하면서 사람을 민망하게 만드는 경우가 있다. 특히 초보자 이거나 핸디캡이 높은 사람을 대상으로 이런 일이 발생할 빈도가 높은데, 친절하게 설명하는 식이 아니라 약간 무시하는 태도로 이야기할 때는 오히려 손님인 골퍼가 당황스럽기도 하다. 이런 경우 정말 기분이 좋지 않다는 이야기를 주변에서 많이 한다.

2021년 8월경 ㅇㅇCC에서 있었던 일이다. 별로 좋지 않은 기억이라 정확한 일시와 장소는 생략한다. 그린에서 퍼팅을 하려는데 공과 홀컵 사이 라인 선상에 피치 마크pitch mark가 있어서 그린 보수기로 수리를 했다. 그러자 캐디가 다가와서 "수리는 그렇게 하시는 게 아니고, 그 죽은 잔디 가운데를 파내고 가장자리 잔디로 메워야 죽은 잔디가 누렇게 남지를 않아요"하면서 다음부터는 수리를 하지 말라고 하였다. 정말 어처구니없는 상황을 접하고 한동안 할 말을 잃었다. 필자 역시 피치 마크 보수하는 방법을 잘 알지만 단지 나의 퍼팅을 위해 최소한의 필요 조치를 취한 것인데, 그걸 가르치려고 달려드는 상황을 접하고 보니 정말 다음 홀부터는 그 캐디와 대면하기가 싫어졌다.

반대로 캐디가 싫어하는 손님 유형이다. 2012년 3월 20일 승주CC(현, 포라이즌CC)에서 캐디와 간담회를 가진 적이 있다.

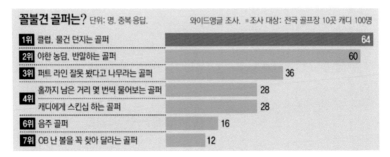

꼴불견 골퍼는? 단위: 명. 중복 응답.　와이드앵글 조사. ■조사 대상: 전국 골프장 10곳 캐디 100명

1위	클럽, 물건 던지는 골퍼	64
2위	야한 농담, 반말하는 골퍼	60
3위	퍼트 라인 잘못 봤다고 나무라는 골퍼	36
4위	홀까지 남은 거리 몇 번씩 물어보는 골퍼	28
4위	캐디에게 스킨십 하는 골퍼	28
6위	음주 골퍼	16
7위	OB 난 볼을 꼭 찾아 달라는 골퍼	12

동아일보에서 꼴불견 골퍼에 대해 조사를 하였다. (2017.5.13.) 방송에서 프로선수들이 전속 캐디에게 공을 닦아달라고 간혹 공을 던지는 것을 보고 주말 골퍼가 이를 따라 하다가는 낭패를 보는 수가 있다. 감정 노동자인 캐디를 존중해 주는 매너 있는 골퍼가 된다면 더 나은 서비스로 즐겁게 라운드를 마칠 수 있다.

　여기에서 50여 명의 캐디에게 복수 응답 형식으로 가장 싫어하는 손님 유형에 대한 의견을 물어보았는데 가장 빈도수가 높은 2가지 유형은 다음과 같았다.

　첫 번째는 카트와 멀리 떨어져 있는 공에 가면서 몸만 가서 채를 가져오라는 배려 부족 플레이어다. 대충 거리를 묻고 클럽 한두 개를 챙겨가는 것이 아니고 빈손으로 혼자 가서 골프채를 가져다주기 전까지 가만히 서 있기 때문에 소위 '섰다 맨'이라고도 하는데, 한 명의 캐디가 4명의 골퍼를 지원하다 보니 힘이 드는 상황인데 진행에 협조를 하지 않고 골프클럽을 가져다줄 때까지 가만히 서 있으면 정말 경기 진행이 어렵다고 한다. 특히 무더운 여름철에는 더욱더 싫은 사람이 이런 분들이라고 한다.

　두 번째는 샷이 잘못되면 캐디 탓으로 돌리는 남 탓 골퍼이다. "거리가 맞지 않았다"든지 "해저드hazard를 이야기하지 않았다"는 등과 같이 샷이 잘못된 모든 결과를 캐디 탓으로 돌리는 골퍼를 싫어한다고 했다. 이 중에서 가장 싫어하는 골퍼는 1.5미터 이내의 숏 퍼트를 놓치고 나서는 좌우 경사를 잘못 봤다고 캐디를 탓하는 경우라고 한다.

'배려 부족'과 '남 탓'을 하는 사람은 골프뿐만 아니라 어디에서든지 누구든지 좋아하지 않는 듯하다.

캐디의 사기진작 노력 필요

라운드 당일 캐디를 잘 만나는 것도 그날 운이라고 골퍼들은 이야기한다. 그래서 서비스 품질이 좋은 캐디를 잘 만나야 스코어도 좋아지고 전체적인 분위기도 좋아진다.

캐디는 지리학자(코스 분석)이자 코미디언(분위기 띄우기)이자, 짐 싣는 마부(백 이동)이자 동시에 친구(영혼의 파트너)인 존재라고 한다.[79] 그만큼 다양한 역할을 하는 캐디의 중요성은 아무리 강조하여도 지나치다 할 수 없기에 그들의 사기 진작이 필요하다.

2021년 6월 14일 경기 동두천 티크라우드CC 등록 후 접수증을 받아 보니 '캐디'라는 호칭 대신 '라운드 매니저'라는 용어를 사용하고 있었다. 일부 다른 골프장도 '필드 매니저' 혹은 '그린 매니저' 등 매니저라는 호칭을 통하여 캐디의 역할과 사기를 진작하여 서비스 품질을 올리고자 노력한다. 물론 호칭도 중요하지만 캐디의 역할에 대한 기본적인 사항을 잘 교육하고 그들의 사기를 진작시켜야 손님들에 대한 서비스 품질을 높여 고객을 만족시킬 것으로 보인다.

필자는 경기 도우미인 캐디의 사기를 증진하기 위해서 골프장 입장에서 '조직지원인식'을 고취하고 '내재적 보상'이 필요하다는 생각이다.

전남 순천 파인힐스CC에서 고객 서비스 향상 차원에서 '캐디 자유복장제'를 실시하여 고객들로부터 호평을 받은 적이 있다. (2012.6.1.)

조직지원인식POS: perceived organizational support은 '회사가 진정으로 나의 공헌을 가치 있게 여기며 종업원 복지에 관심을 가지고 있다'는 것으로 라운드 전후 대기실의 안락함과 샤워 시설의 쾌적성 유지, 식사 및 복장 지원 등과 같은 복리후생에 대한 조치가 잘되는 것을 의미한다.[80] 골프장 경영자가 캐디를 대하는 이러한 마음이 고객에게 친절한 행동으로 표출되어서 한번 찾은 고객이 다시 찾게 되는 선순환 과

---

* 보상에는 두 가지 유형이 있다. 외재적 보상(Extrinsic Rewards)은 급여, 보너스, 성과급 등 주로 직접적인 금전적 대가와 복리후생을 말한다. 내재적 보상(Intrinsic Rewards)은 업무수행과정 중에 일에 대한 만족감이나 학습감을 높여주거나 구성원 개개인의 비전 실현과 자신감을 높여주어 구성원들의 업무의욕을 제고시켜 주는 것이다.

골프에 비즈니스적 해석을 담다

정을 이룬다고 볼 수가 있다.

내재적 보상intrinsic rewards은 종업원 인정 프로그램의 일환으로 캐디 평가제를 통한 '이달의 캐디' 혹은 '금주의 미소왕'을 선정하는 등 그들을 인정해주는 다양한 프로그램을 개발 운영하는 것을 의미한다. 여기에 하나를 더하자면 동반 라운드를 하는 골퍼들도 캐디가 생각하기에 '오늘 참 괜찮은 손님들과 즐거운 라운드를 하였다'는 생각이 들도록 매너 있는 행동을 한다면 그들의 서비스 품질을 높여주는 효과가 있을 것이라는 생각이 든다.

경기 이천 블랙스톤 이천CC 카트 뒷면에 '캐디는 또 하나의 동반자, 따뜻하게 대해주세요'라고 되어있다. (2022.9.3.)

끝으로 모든 골퍼들이 캐디를 제5의 동반자로 생각하며 라운드 도중 그들의 사기를 진작시켜주기를 바라면서 필드에 나가서 처음 그들을 만날 때 다음과 같은 마음으로 대해주기를 희망한다. 가수 '태진아'가 부른 '동반자' 노래를 개사(괄호 안)한 것이다.

"당신은 나의 동반자

영원한(오늘의) 나의 동반자

내생에(오늘의) 최고의 선물

당신과 만남이었어

잘살고 못사는건 타고난 팔자지만**(잘치고 못치는건 오늘의 운이지만)**

당신만을 사랑해요**(믿겠어요)**

영원한**(오늘의) 동반자여"**

　　　　　　　　　　　　　골프에 비즈니스적 해석을 담다

18

멀리건이 절대 없는 안전관리

예방 차원의 안전관리

골프에서 멀리건mulligan 이란 최초의 샷이 잘못되어 벌타 없이 주어지는 두 번째 샷을 의미한다. 선수들의 정식 경기에서는 멀리건 제도가 규칙에 없지만 비공식적인 일반 아마추어 골프에서는 몸이 풀리기 전에 티샷에서 미스 샷이 나면 벌타 없이 한 번 더 치도록 하는 것이다. '안전에는 멀리건이 절대 없다'는 것은 골프장에서 안전사고가 발생하면 안전사고 이전의 원래의 상태로 되돌아갈 수 없으므로 안전사고가 절대로 발생해서는 안 된다는 것을 강조하고자 하는 뜻이다.

이 책의 원고 일부를 작성하고 있던 2022년 1월 11일 광주 서구 화정동 아파트 신축 현장에서 39층짜리 건물 23~38층 일부가 붕괴하면서 1명이 다치고 실내 공사를 맡았던 작업자 6명이 실종되는 안전사고가 발생을 하였다. 1994년 한강 성수대교 붕괴 사고로 32명 사망, 1995년 서울 삼풍백화점 붕괴로 501명이 사망했지만 한 세대가 지나도 유사한 안전사고가 재발하는 것을 보니 '우리가 선진국이 맞는가'라는 의문이 든다. 언론은 어떤 큰 사건이나 사고가 일어나면 '예고된 참사'라거나 '인재人災'라는 말을 즐겨 쓴다. 미리 알았으면 사전에 기사화해서 주변에 알려 사고를 미연에 방지해야지 사후에 전부 난리다.

이렇듯 사건·사고나 일이 끝난 후에 "나는 이미 알고 있었다"라거나 "내 이럴 줄 알았어"라고 말하는 것을 '사후확신편향hindsight bias'이라고 한다. 프린스턴대 교수인 대니얼 카너먼Daniel Kahneman은 사후확신편향은 과정의 건전성이 아니라 결과의 좋고 나쁨에 따라 결정의 질을 평가하도록 유도하기 때문에 의사결정자들의 평가에 악영향을 끼친다고 한다.[81] **안전은 결과를 가지고 논하기보다 예방 차원의 과정의 건전성이 중요하다는 의미를 생각나게 하는 대목이다.**

전남 순천 승주CC(현, 포라이즌CC) 카트 전면에 부착된 안전 스티커에 '사고에는 멀리건이 없습니다'라고 되어있다. (2012.1.1.) 즐기러 왔다가 안전사고가 나면 본인뿐만 아니라 동반자들도 평생 가슴에 담아야 할 일이 되기에 안전은 0순위로 유의해야 할 사항이다.

골프에 비즈니스적 해석을 담다

미국의 심리학자 스완A. D. Swan은 인간이 가지고 있는 다섯 가지 취약점에 대해 다음과 같이 주장하였다. ①생략하는 버릇omission, ②시간을 잊는 버릇time, ③지시를 어기는 버릇commission, ④절차를 무시하는 버릇sequential, ⑤불필요한 행위extraneous이다. 또한 독일의 심리학자 에빙하우스H. Ebbinghaus는 "잊어버림(망각)은 당연한 생리현상이다"라고 하며, 그가 주장한 망각곡선Ebbinghaus curve에 따르면 사람은 1시간이 지나면 44%, 1일이 지나면 33%밖에 기억하지 못한다고 한다.[82]

인간의 취약한 습성과 기억력이 이와 같기에 골프를 같이 치는 동반자들은 서로 간에 계속해서 안전 수칙과 불안전한 행동에 대해 반복하여 이야기를 해주는 것이 망각을 없애는 데 효과적이고, 이를 통해 사고를 미연에 방지할 수 있다는 점을 알고 잘 실천해야 하겠다.

골프장 안전사고 유형

골프장 안전사고 유형으로는 타구 사고, 카트 사고, 미끄럼 낙상 사고, 해저드 사고, 낙뢰Thunderbolt 사고와 같이 크게 다섯 가지로 나눌 수 있다. 골프 경력이 15년 정도 되는 필자도 라운드를 하면서 직간접적으로 이러한 유형의 안전사고를 경험할 정도였으니 골프장 안전사고에 정말 유의하면서 라운드를 진행해야 한다는 것을 말하고 싶다. 지금 다시 사고 순간을 회상해 보아도 그 순간이 아찔했다는 느낌이 든다.

경기도 가평군 상면에 소재한 가평베네스트CC 티박스에 세워져 있는 안전 수칙에 대한 안내표지이다. (2020.6.19.) 모든 골프장에서 발생 가능성이 높은 타구 사고를 가장 우선적 유의 사항으로 보고 있다.

(1) 타구 사고

골프장에서 가장 흔한 사고로 날아오는 볼에 맞는 사고이다. 특히 눈이나 얼굴에 맞는 경우, 실명과 같은 중상으로 이어질 수 있으므로 주의해야 한다. 라운드 도중에 샷을 하는 플레이어의 진행 선상 앞으로 절대 먼저 나가서는 안 된다.

2019년 1월 23일 은퇴한 회사 사람들과 소위 말하는 해외 동계 훈련을 하러 중국 해남도 블루오션CC에 갔다가 뒤 팀에서 친 타구에 발목을 맞아서 남은 일정을 절뚝거리며 소화한 적이 있다. 물론 카트 도로에 1~2번 바운드된 후 맞은 거라 충격이 줄어서 불행 중 다행이었지만, 홀 간 간격이 좁은 상태에서 뒤 팀이 기다리지 못하고 세컨드 샷을 하는 바람에 사고가 난 것이다.

　　　　　　　　　　　　　골프에 비즈니스적 해석을 담다

타구 사고는 장애 지형물이 있는 곳에서 과욕을 부리다가 자기가 친 공이 나무나 전봇대를 맞고 튕겨 나와 맞을 수도 있고, 예기치 못하게 옆 홀에서 날아온 볼에 맞는 경우도 있으니 항시 유의해야 한다.

(2) 카트 사고

움직이는 물체에 탄 사람들은 항상 조심하지 않으면 찰나의 순간에 사고가 난다. 카트 사고는 대부분 부주의로 인해 일어나는데, 서둘러 내리다가 넘어지는 사고, 카트 밖으로 손발이 나와 주행 중 수목이나 팻말에 부딪혀 다치는 사고, 가파른 내리막길이나 곡선구간에서 사람이 추락하거나 카트가 전복되는 사고 등이 그 유형이다. 특히 최근에는 캐디 없이 라운드를 진행하는 골프장이 늘어나고 있어서 카트 운전을 직접 하는 경우, 출발 시에는 동반자가 모두 안전하게 탑승하여 앉았는지 확인을 하는 등 운전에 유의하여야 한다.

2015년 3월 3일 ○○대학교 최고경영자과정을 같이 수료한 원우들과 일본 규슈 미야자키로 라운드를 갔었는데, 노 캐디로 경기 진행을 하던 중 여성 원우 한 분이 비탈길에서 카트 운전 미숙으로 나무와 충돌하여 발목을 깁스하는 사고가 생겼다. 즐거운 해외 여행길에 안전사고가 나자 동행한 모든 사람들의 기분도 가라앉았고 마음도 편하지 않았다. 남은 일정은 어떠했는지 여러분의 상상에 맡긴다.

(3) 미끄럼 낙상사고

낙상의 대표적인 것은 겨울철에 라운드를 할 경우 눈이 오거나 이슬이나 살얼음에 미끄러지는 사고를 당하는 것이다. 이외에도 경사면 잔디에 미끄러지거나 계단에서 발을 헛디뎌 넘어지는 경우가 있다. 미끄럼 낙상의 경우 발목도 중요하지만 손을 짚게 되어 손목 부상이 함께 올 수도 있어 조심해야 한다.

2018년 9월 15일 강원 양양 골든비치CC에서 경사면 잔디에서 미끄러지면서 왼 손목을 짚으면서 손목에 이상이 생겨 그날 라운드를 제대로 마치지 못했으며, 지금도 무거운 물건을 들거나 무리하게 손목을 쓰면 가끔 통증이 발생하곤 한다. 또 한 번은 경기 용인 은화삼CC에서 계단에서 발을 헛디뎌 중심을 잡으려고 하체에 힘을 너무 주다가 허리가 휘청하면서 몇 홀 동안 백스윙이 정상적으로 되지 않아서 애를 먹었던 기억이 있다.

(4) 해저드 사고

한국 골프장의 해저드는 연못물의 누수를 막기 위해 진흙이나 비닐 등으로 특수 방수 처리를 하는 경우가 많아 연못 바닥이 매우 미끄러운 편이다. 해저드가 깊지는 않아도 물에 빠지면 혼자서 나오기가 쉽지 않다. 해저드 사고는 볼을 무리하게 건지려 하거나 폰드pond 옆을 걷다가 수초 위에 낙엽이 쌓인 것을 연못 가장자리로 오인해 미끄러져서 물에 빠지는 사고가 발생한다. 특히 겨울철에는 얼음 위에 놓여있는 공을 줍기 위해 연못 안으로 결코 들어가서는 안 된다.

(5) 낙뢰 사고

낙뢰 사고는 정말 벼락 맞을 확률처럼 발생하기가 드문 사고이지만, 여름철에 가끔 신문에 기사화되는 사고이다. 벼락을 직접 맞거나 감전이 되면 중상을 입거나 심한 경우 사망에 이를 수 있어 낙뢰 시에는 우산이나 아이언을 세워서 잡지 말아야 하며, 즉시 플레이를 멈추고 안전한 곳으로 대피하여야 한다.

(6) 기타 유의해야 할 안전사고

- 주변을 살피지 않고 휘두른 클럽에 누군가 맞거나 다치는 사고
- 숲으로 들어간 공을 무리하게 찾다가 뱀이나 해충에 물리는 사고
- 힘이 너무 들어간 샷으로 인해 뒤땅을 쳐서 손목을 다치는 사고
- 음주나 체력 저하 혹은 러프에 걸려 넘어져 골절상을 입는 사고
- 술에 취한 고객이 다른 골퍼나 캐디에게 폭력을 행사하는 사고
- 페어웨이나 금연 구역에서 흡연 등으로 인한 화재 사고

안전은 원초적 욕구

골프를 왜 치는가? 이 책 앞부분에서 이야기했듯이 '경험에 소비'를 하여 '행복'해지려고 골프를 치는 것이다. UN에서 매년 발간하는 세계 행복 보고서 2020을 보면 한국의 행복지수는 61위라고 하며, 1위는 핀란드이며 상위 지수 국가는 덴마크, 스위스, 독일 등 대부분 유럽 국가라고 한다. 핀란드의 1위 유지 비결은 사회안전망, 복지, 지역사회 공동체 등에 그 비결이 있다고 한다.[83] 이를 보면 행복해지기 위해서는 '사회안전망'이 잘 갖추어져 있어야 한다는 것을 알 수 있다.

매슬로우Abraham Maslow가 1954년에 발표한 욕구단계론hierarchy of human needs의 출발점은 '사람들이 가지고 있는 욕구는 일련의 단계가 있어서 하위 단계 욕구가 충족되어야 상위단계 욕구를 충족시키는 방향으로 동기부여가 된다'는 것이다. 인간이 가지고 있는 욕구는 다섯 가지 단계로 구분되는데, 생리적 욕구physiological needs, 안전 욕구safety needs, 사랑과 소속 욕구love & belonging needs, 존경 욕구esteem needs, 자아실현 욕구self-actualization needs를 차례대로 만족하려 한다는 것이다.[84]

골프라는 운동이 먹고사는 생리적 욕구와 같은 저 차원의 욕구가 아니라 자아실현과 같은 상위 욕구로 생각된다. 매슬로우의 욕구단계론에 의하면 하위 욕구가 달성이 되어야 상위 욕구로 이동하는 것이므로, 2단계인 '안전'이 보장되지 않으면 존경이나 자아실현의 욕구 달성이 어렵다. **이와 같이 상위 욕구를 채우기 위해 골프를 하러 가는 것인데, 하위 욕구인 '안전' 때문에 이를 망칠 수 없으므로 골프장 안전사고에 각별히 유념해야 한다는 것을 다시 한번 강조한다.**

골프에 비즈니스적 해석을 담다

19

골프장에서 지켜야 할 매너

"그 사람의 됨됨이는 18홀이면 충분히 알 수 있다."

- 스코틀랜드 속담 -

집단 내 규범인 매너

동반자가 티샷을 할 때 방해되는 불필요한 행동이나 말을 하지 않는 것은 골프장 내에서 그들만의 규범이 작용하기 때문이다. 규범norm이라는 것은 '인간이 사회생활을 하는 데 있어, 구속拘束되고 준거準據하도록 강요되는 일정한 행동양식'을 말한다.[85] 모든 집단은 특정한 상황에서 어떤 행동을 해야 하고 어떠한 행동을 하지 말아야 하는지를 알고 있다.

규범이 사람들의 행동에 미치는 영향에 대해서는 호손 연구Haw-thorne Studies를 통해 널리 알려져 있다. 이 연구는 하버드 대학교 심리학자 메이요G. E. Mayo와 경영학자 뢰슬리스버거F. J. Roethlisberger가 웨스턴 전기회사의 호손 공장Hawthorne Works에서 근로자에 대한 물질적 보상 방법의 변화가 생산성을 증대시키는지 검증하는 실험을 하였다.[86]

1924년 11월 1차 조명 실험을 시작으로, 2차 계전기 조립 실험, 3차 면접 실험, 4차 배전기 권선 관찰실험까지 8년간 이루어졌는데, 특히 4차 실험에서 나타난 결과는 개인의 능력이나 숙련도, 관리자의 지시가 작업능률과 정의 상관관계가 있는 것이 아니라, 오히려 각자의 근로의욕 여하에 따라 혹은 남보다 뒤지지 않게 적당히 일하자는 비공식적으로 합의된 '규범'이 작업능률과 상관관계가 큰 것으로 나타났다.

이와 같이 규범이 근로자의 행동을 제어하듯이, 규범은 집단 내에서 '행동의 표준'이 되는 기준이 된다. 일반적으로 이러한 규범에 맞게 행동하는 사람들을 그 집단 안에서 '매너manner'가 있다고 한다. 골프도 작게는 4인이 한 조가 되어 라운드를 하는 하나의 집단이고, 크게보면 골프장 전체에 속해 있는 사람들도 한 집단으로 볼 수가 있기에, 집단에 적용되는 공식 혹은 비공식 규범을 잘 지키는 매너 있는 사람이 되어야 한다.

골프 매너가 있는 사람들은 비교적 공을 즐겁게 오랫동안 칠 수가 있다. 매너는 묵시적 약속이다. 매너 없는 동반자들과 인연을 계속 이어가기는 매우 어렵다. **골프 매너를 통해 상대방이 얼마나 신뢰할 수 있는 사람인지 또한 남을 잘 배려하는지를 가늠할 수 있는 것이다.**

골프에 비즈니스적 해석을 담다

골프 매너에서 필자가 생각하는 가장 중요한 것 중 하나가 약속을 지키는 것이다. 우스갯소리로 골프 약속을 하면 본인 상喪을 제외하고는 반드시 당일 라운드에 임해야 한다는 말이 있다.

골프 약속은 2~3일 전 갑자기 친구들과 의기투합이 되어 만나자고 급조된 약속과는 성격이 다르다. 여러 사람이 일정을 함께하는 것으로 보통 부킹이 한 달 전에 이루어지므로 4~8주 전에 성원이 되어 약속 날짜가 확정된 것이다. 그래서 일단 골프 약속이 이루어지면 동일한 날짜에 다른 약속이 발생을 하면 뒤로 미루거나 골프 약속을 피해 다른 일정을 잡는다. 이러한 상황은 나뿐만 아니라 다른 세 명도 같은 처지일 것이다. 그래서 골프 약속은 중요한 것으로 비나 눈 등 자연적 상황이나 코로나19에 감염되어 갑자기 발열이 생기는 것과 같이 남들이 이해할 수준의 사유가 아니면 지켜야 하는 것이 기본적인 매너이다.

남을 위해 한 번쯤 고려해야 할 행동

골프는 세대를 초월한 신사 운동이다. 세대를 초월해 함께 즐길 수 있는 유일한 운동이다. 골프는 내가 잘 쳐도 즐겁고 상대가 못 쳐도 즐거운 운동이라고 한다. 그런데 중간중간 눈살을 찌푸리게 하는 행동이 즐거운 기분을 망치게 만든다.

Jtbc TV '골프의 재발견'에서 골프 에티켓은 다른 운동과 달리 골퍼 스스로 지켜야 할 내용이지만 티오프시간 준수, 경기 시간 지연 등 에티켓의 일부는 골프 규칙에 준할 정도로 중요한 내용이라고 강조를 하였다. (2021.9.9.)

다음은 그동안 골프장에서 필자가 느낀 다소 꼴 보기 싫은 행동 중 남을 위해 한 번 정도는 고려해서 행동해주면 좋겠다고 생각되는 것들을 소개한다. 이중에는 상대방 샷 진행 시 조용히 하라든지, 벙커 샷 후 발자국 정리 등과 같이 골프를 친다면 기본적으로 알고 있는 에티켓 사항은 제외되어 있다. 아래 열거된 사례는 다분히 주관적인 개인 의견으로 독자분들이 동의하지 않는 항목도 일부 있으리라 본다.

- 동반자 의사와 관계없이 남의 스윙에 대해 일일이 코치하는 사람
- 골프장 티잉 그라운드나 페어웨이 등 금연 장소에서 흡연하는 사람
- 공치러 온 것인지 휴대 전화하러 온 사람인지 구별 안 가는 사람
- 어드레스 시간이 너무 길어 동반자의 리듬을 끊는 골퍼
- 듣기가 민망한 음담패설이나 짓궂은 농담을 계속하는 사람

골프에 비즈니스적 해석을 담다

- 캐디에게 너무 많은 질문과 모든 것을 캐디에게 의존하는 골퍼
- 공이 안 맞는다고 성질부리며 동반 플레이어 신경 쓰이게 하는 사람
- 퍼팅 시 셀프 컨시드 하면서 공을 집어 드는 골퍼
- 페어웨이 안에 씹던 껌을 뱉거나 담배꽁초 버리는 골퍼
- 돈 내는 것을 주저하거나 비용계산이 정확하지 못 한 사람
- 큰소리 떠들며 샤워하거나 욕탕 내에서 풍덩풍덩 수영하는 사람
- 샤워 후 수건 3장 이상 쓰고 온몸에 로션 떡칠하는 사람
- 화장실에서 두루마리 휴지 롤을 열 번 정도 돌려서 쓰는 사람
- 스마트폰 결제 제대로 못 하면서 프런트에서 대기행렬만 길어지게
  만드는 사람
- 승용차 앰프amplifier 크게 틀고 클럽하우스 현관에서 클럽 내리는
  사람

18홀 티잉 그라운드에서 매너

18홀 마지막 티잉 그라운드에 들어서면 마지막까지 여담을 주고받거나 굿 샷을 외치기보다는 4~5시간 진행되어온 라운드를 마감할 준비를 해야 한다. 앞 팀이 있어서 대기를 하거나 다른 동반자가 티샷을 할 동안 클럽이나 옷가지 등 각자가 가지고 온 장비를 챙겨야 한다.

먼저 클럽 정리를 해야 한다. 오늘 하루도 나를 위해 고생한 클럽의

성능과 품질 유지 차원에서 5S(정리, 정돈, 청소, 청결, 습관화) 방법으로 확인을 하고 커버cover를 씌운다. 물론 캐디가 대부분 하지만 내 장비를 내가 챙긴다는 생각으로 직접 해보는 습관을 들이는 것이 좋다. 그러면 캐디가 매우 매너 있는 분이라고 이야기하는 경우가 많다. 필자의 경우 사회적으로 선배 되는 분들에게 이렇게 하라고 권하기는 어렵지만, 후배들과 공을 칠 경우에는 마지막 홀에서는 클럽 정리를 직접 하라고 권유한다.

충북 진천 골프장 카운티 진천CC에서 경기를 마치고 캐디 수첩 클럽 확인 요청에 '감사해요'라고 서명하였다. (2022.3.28.) 캐디의 말에 의하면 1, 2, 3, 4를 적어주는 골퍼는 별로라고 하였다.

두 번째로는 추가로 가져온 여벌 옷, 바람막이, 텀블러, 우산 등의 장비를 확인한다. 우산 같은 경우에는 빗물이 있을 경우 퍼서 수건으로 미리 물기를 어느 정도 제거를 한다.

세 번째로 캐디피도 18홀 티잉 그라운드에 들어서면 챙겨야 한다. 시

골프에 비즈니스적 해석을 담다

작할 때 준비가 되어 있으면 별문제가 없으나, 아무도 신경을 안 쓰면 한 사람이 몇 사람 분을 부담하는 난처한 상황이 발생을 하거나, 뒤늦게 캐디피를 거둔다고 허둥지둥하는 모양새도 신사답지 않아 보인다.

마지막으로 캐디가 경기 수첩이나 태블릿tablet에 장비 이상 유무 확인 사인을 해달라고 한다. 그러면 알아보기도 힘든 이름이나 사인을 할 것이 아니라 '감사해요', '수고해요', '훌륭해요'라고 써 주면 다들 놀란다. 오늘 반나절을 같이 고생한 캐디에 대한 감사와 배려의 의미이다.

윈스턴 처칠Winston Churchill은 "모든 국민은 자기 수준에 맞는 정부를 갖는다"는 말을 했다. **골프를 치다 보면 끼리끼리 수준에 맞는 사람들과 팀을 만들어 공을 치게 된다. 그 수준은 스스로 만들어 가는 것이다.** "요새 공을 안 치냐?"라고 묻는 사람이 있다. 겉으로는 자주 치지 않는다고 이야기하지만, 돌아서서 "다들 모여서 공을 치고 있는데 당신만 불러주지 않는다는 것을 모른다"라고 혼자 말을 한다.

골프에 대한 기본적인 매너를 지키지 않는 사람들은 입소문이 좋지 않고 부정적 평판이 돈다. 다음에 누구와 공을 칠까 했을 때, 매너가 좋지 않은 사람은 잘 부르지 않는다.

제3장

번외 게임

"골프에 어느 정도의
기품이 없으면
게임이 되지 않는다."

- 윌리 파크(Willie Park Jr.) -

20

먹는 즐거움 '식도락'

"골프 1라운드는 18홀로 되어 있지만,
완전한 라운드는 19홀로 끝난다."

- 하버드 애덤스 -

필요 에너지 공급을 위한 간식과 식사

골프라는 운동에서 경기 외적 요소이지만 빠질 수 없는 것이 먹고 마시는 이야기이다. 골프는 장시간 야외에서 활동하는 운동으로 평균 5시간 전후를 걸어야 하고, 집에서 출발해서 티오프 시간까지 두 시간 전후를 잡는다면 약 7시간 정도의 공복이 발생한다. 그래서 적정한 시기에 필요한 에너지와 수분을 보충하지 않으면 사실 스윙을 제대로 구사하기가 어려울 수도 있다.

프로선수들도 경기 내내 집중력과 체력 유지가 필요하므로 대부분의 선수들은 다양한 건강보조식품을 경기 중에 섭취한다. 18홀 정규 골프 코스 거리는 약 6,000야드(5,400m) 안팎이다. 홀 간 이동 거리까지 포함하면 7,500~8,000야드다. 이런 코스를 카트를 타지 않고 걸어서 라운드한다.

미국 건강스포츠과학센터와 뉴욕타임스는 "라운드를 할 때마다 약 1,400칼로리를 사용하며 코스를 걷고, 스윙하고, 캐디백을 옮기는데 필요한 칼로리는 최대 2,000칼로리다"라고 밝혔다. **선수들은 많은 에너지와 칼로리를 소비하기 때문에 경기 중간중간에 건강보조식품과 간식을 먹는 경우가 많다.**[87]

2022 한화클래식 2라운드 도중 박민지 선수가 바나나를 먹고 있다. (SBS Golf TV 2022.8.26.)

골프 중계를 보다 보면 선수들이 라운드 중간에 뭔가를 먹는 장면을 보게 된다. 가장 즐겨 먹는 간식으로 화면에 잡히는 것이 바나나이며, 초코바, 떡, 과일 종류 등 먹기 편하고 휴대가 간편한 간식을 선호하는 편이다. 그 외에도 선수들이 섭취하는 건강보조식품을 보면 아미노산, 각종 비타민, 각종 즙 등의 액체류가 있다. 물론 개인적인 경기 리듬을 유지하는 차원에서 건강보조식품을 안 먹는 선수들도 있다.

일반적으로 주중이나 주말에 공을 치러가는 아마추어 골퍼인 경우에도 경기 중에 먹을 간식거리를 준비해 오는 경우가 있다. 간식의 경우 주류를 빼고 나면 앞서 언급한 프로선수들과 거의 내용 면에서 대동소이하다.

간식 이외에도 아마추어 골퍼들은 같이 라운드 하는 사람들과 식사를 할 수 있는 기회가 티오프 시간에 따라 조식, 중식, 석식 중 한 번 이상은 있다. 출발 티잉 그라운드에서 만나서 공만 치고 라운드가 끝나면 바로 헤어지는 경우는 정말 드물 것이다.

식사를 클럽하우스 레스토랑에서 하게 되면 골프장에서 준비된 메뉴 선택을 하면 되지만, 맛이나 메뉴 선택이 한정적이어서 외부 식당을 이용하는 경우가 있다. 외부 식당을 이용하는 또 다른 이유는 골프장 내에서 식사를 하게 되면 개인에 따라 식사나 음료 비용이 비싸다고 생각하는 사람이 많아서이다. 골프장 레스토랑은 직영 운영 시에는 인건비와 재고관리비용이 높아지고, 위탁운영 시에는 위탁수수료가 높아지는 경향으로 식음료 값이 일반 음식점 대비 비싼 경향이 있다.

중소기업으로 F&Bfood and beverage 업체를 운영하는 A 씨는 "10년 전만 해도 위탁운영 수수료가 대부분 10% 정도이었는데 15% 선을 보이다가 최근엔 20% 선까지 올랐다"면서 "결국 20%의 높은 수수료는 고객인 골퍼가 부담할 수밖에 없는 구조"라고 토로했다.[88]

최근에 대부분 골프장이 코스 중간에 있는 그늘 집 운영을 무인화하거나 없애는 경우가 많은데, 그 이유를 물어보면 그늘 집 운영에 따른 한 사람의 인건비가 제대로 나오지 않는 게 현실이라고 한다. 식음료 가격을 어느 수준까지 내린다면 내장객들이 많이 이용할 것인가에 대한 대답도 장담할 수 없다는 것이다. 클럽하우스나 그늘 집에서 먹고 마시는 식음료 가격이 비싸다는 논쟁은 정말 닭이 먼저냐 계란이 먼저냐를 토론하듯이 끝이 없는 이야기이다. **골프장에서 구매하는 식음료의 가격에는 '품격'이 포함되어 있다고 개략적으로 생각을 하면 마음이 편할 것이다.** 물론 맛과 가격을 고려한 가성비를 중요시한다면 이에 합당한 골프장 인근 유명식당을 이용하는 것도 전혀 문제가 없다.

가치는 품질을 가격으로 나눈 것

좋은 분들과 만나서 즐거운 18홀 라운드에 곁들여서 맛있는 음식을 먹으면서 담소를 나눈다는 것은 여러 운동 종목에서 골프만이 가질 수 있는 기회이자 장점일 수도 있다. 특히 라운드를 마치고 식사를 같이하는 경우에는 체조선수가 마지막 착지를 잘해야 유종의 미를 거두듯이 식당이나 메뉴 선택이 중요하다.

어떤 식당을 선택할 것인가에 대한 것은 같이 공을 친 4명의 '선택속성selection attribute'에 달려 있다. 여기서 말하는 선택속성이란 식당을 선택하는 요소에 대한 소비자의 의사결정기준을 의미한다.

경기 가평 크리스탈밸리CC 인근에 있는 식당이다. 막국수와 돼지 수육, 그리고 감자전 정도가 주 메뉴이다. 맛과 가성비도 좋고 무엇보다도 한정된 수량만 예약 없이 선착순 판매를 하므로 음식의 신선도를 확실히 유지하는 듯하다. 식당 입구에는 노포 주인장의 마케팅 철학(손님, 구면, 단골, 가족)이 고스란히 담겨있어 훈훈한 분위기를 느낄 수 있어서 좋다. (2020.7.9.)

그 기준은 바로 '가치'이다. 어떤 가치를 부여하느냐, 제공받느냐에 따라 소비자의 선택은 달라진다는 것이다.[89]

그것은 가격이 될 수 있고, 멋진 인테리어를 갖춘 물리적인 환경이 될 수도 있고, 서비스 수준이 될 수도 있으며, 접근성이 좋은 위치가 될 수도 있다.

학문적으로 가치value**는 '사람들이 제품이나 서비스를 구매할 때 기대하는 이익이나 효용'으로 정의한다. 소비자인 골퍼들은 더 높은 가치를 제공하는 식당으로 갈 것이다. 가치를 측정하는 공식은 '가치=품질/가격'이다. 가격을 낮추고 품질을 올린다면 가치가 올라간다는 것이다.**

골프에 비즈니스적 해석을 담다

동일한 가격에 고기의 양을 많이 주거나, 반찬을 푸짐하게 주어 품질을 올리는 방법 등이 있다. 이러한 가치를 '구매 효용'이라고도 하는데 손님들은 자기들이 낸 돈에 대한 기회비용보다 구매 효용이 클 때 문전성시門前成市가 일어나는 식당이 된다.

소규모 식당을 선택하는 선택속성 요인에 대한 중요도 순을 연구한 결과를 보면, 음식의 가격, 접근 용이성, 음식의 맛, 음식의 양, 종사원 서비스, 위생 상태, 서비스 신속성 요인 순이라고 제시한다.[90] 이러한 기준은 전반적으로 수긍이 가는 내용이나 이러한 선택속성에 더하여 현실적으로 필자가 지난 수십 년간 골프를 치러 다니면서 동반자들과 식당을 선택할 때 자주 고려한 속성들은 다음과 같다.

(1) 날씨: 비 오는 날에는 회 혹은 날고기를 먹지 않으려는 경향이 있다. 더운 날에는 냉면을 찾고 겨울철에는 따뜻한 국물이 있는 음식을 선호한다. 황사나 미세먼지가 심하면 삼겹살을 먹으러 가기도 한다.

(2) 가성비: 그린피 등 골프비용이 인상되는 경향이어서 식사도 가격 대비 맛과 품질이 좋은 곳을 선호한다. 이러한 장소를 찾는다는 것이 쉽지는 않기에 골프장 부킹이 결정되면 사전에 정보를 수집해야 한다.

(3) 지역 특산: 전국적으로 산재해 있는 골프장에 갈 기회가 있을 때

기왕에 식사하는 것으로 영광 굴비, 포항 물회, 춘천 닭갈비 등 지역적으로 유명한 음식을 먹는 것도 좋은 방법이다.

(4) 동반자 호불호: 순대나 날것을 못 먹는 사람, 홍어나 과메기처럼 처음 접해보는 음식이거나, 어패류나 견과류 등 알레르기가 있는 분들이 간혹 있을 수 있다.

(5) 반주飯酒 여부: 애주가가 있다든지 혹은 최저타나 이글 등 라운드 이후 기념할 일이 있어 술을 한잔해야 하는 경우라면 비빔밥이나 된장찌개를 먹으러 가기에는 다소 부적당하다.

(6) 안정성: 코로나19 팬데믹으로 인해 실내 공간이 넓거나 별도 룸이 구비된 장소를 찾는 경향이 있다. 경우에 따라서는 야외에 적당한 장소가 있다면 선호도가 좋을 수가 있다.

식당 선택속성에 넣기는 무엇하지만 고려해야 할 요소가 하나 더 있다. 장소 선정 시 가부좌로 앉는 식당보다는 가급적 의자가 있는 식탁이 있는 장소를 우선으로 고려하는 것이 좋다고 본다. 특히 최근에 젊은 계층에서 골프를 많이 치는 경향이 있는데, 젊은 사람들은 가부좌로 앉아 식사하는 것을 불편하게 여긴다. 어릴 때부터 식탁에 앉는 습관으로 인하여 가부좌로 앉아서 오래 있기를 힘들어한다. 그리고 온종일 신고 있던 양말을 그대로 노출한 채로 앉아서 식사를 같이한다는 것은 서로 간에 비위생적인 측면이 발생할 수 있다.

골프에 비즈니스적 해석을 담다

영국 옥스퍼드대와 스웨덴 카롤린스카대 공동연구팀은 세계 9개 문화권 235명을 대상으로 여러 가지 냄새를 맡게 하는 실험 결과, 세계의 문화권과 지역에 상관없이 인간이 본능적으로 좋아하는 향과 싫어하는 냄새가 있다는 연구 결과를 내놓았다. 그 결과 바닐라 향에 대한 선호도가 가장 높았고, 가장 불쾌한 냄새로는 땀에 젖은 발 냄새의 주범인 '이소발레르산'이 꼽혔다.[91]

실패할 확률이 낮은 메뉴 선택

회사원으로 몸담고 있을 때 업무상 국내외 출장 기회가 많았다. 특히 해외 출장의 경우 단기간이 아니고 일주일 이상 장기간이 소요되면 매번 도래하는 식사에 대해 신경이 쓰인다. 그 당시 선배들이 가급적이면 한·중·일·양(한식, 중식, 일식, 양식) 순으로 식당을 예약하거나 메뉴를 선정하는 것이 좋다고 한 적이 있었는데, 해외에 자주 다니다 보니 필자 역시 그 순서대로 결정을 하는 편이다.

'로마에 가면 로마법대로'라고 하면서 현지에 적응하자며 양식을 매일 계속해서 주장하시는 분도 가끔 있으나, 선배들의 추천 순서에 양식이 마지막에 위치하는 것을 보면 한두 번은 모르겠으나 양식을 연속적으로 먹어 본 사람들은 그 느끼함이 부담되어 가급적 동양 음식을 먼저 찾게 되는 것 같다.

국내 출장의 경우 별도로 오찬이나 만찬 행사가 계획된 것이 아니라 혼자서 한 끼를 해결하기 위해서는 다음의 다섯 가지 메뉴를 선택했을 때 실패할 확률이 낮았다는 생각이 든다. **이는 어떤 설문 통계분석이나 연구 결과가 아니라 필자의 수많은 경험에 의존한 메뉴인데, 김치찌개, 비빔밥, 카레, 돈가스, 라면이다. 이 다섯 가지 음식은 전국적으로 요리 방법이 일반화되었고, 고추장, 드레싱, 수프 등 첨가되는 양념 맛이 제조사별로 거의 유사하여 우리 입맛에 친근한 맛이 느껴진다.** 처음 가는 골프장에서 이 다섯 가지 메뉴를 선택한다면 아마도 맛에 있어서 실패할 확률이 그만큼 줄어든다.

백종원의 골목식당에서 배달음식 Top10을 조사한 결과 한식 중 최고 순위가 김치찌개였다. (SBS TV 2021.11.25.)

한국갤럽이 2019년 5월부터 전국의 만 13세 이상 남녀 1,700명을 대상으로 '한국인이 가장 좋아하는 음식' 설문조사를 진행한 결과 1위는 '김치찌개'인 것으로 나타났다. 설문에서 김치찌개는 21%로 1위, 된장

골프에 비즈니스적 해석을 담다

찌개는 15%로 2위를 차지했다. 이어서 3위 한식은 10대들이 가장 좋아하는 한식으로 꼽히기도 한 불고기가 차지했고 대표 한식 메뉴인 김치가 김치찌개와는 별개로 4위에 자리했다. 이어서 5위는 항공사 기내식으로 오를 만큼 외국인들에게도 인기인 비빔밥이 차지하였다.[92]

　필자 역시 김치찌개를 좋아하는 편이다. 한국인의 식성에 맞는 맛도 맛이지만, 내 기억에 작고하신 어머니께서 마지막으로 손수 끓여주신 음식이어서 그런지 김치찌개를 먹을 때면 항상 마음속에 아쉬움과 그리움이 남아있다.

21

보는 사람이 편안한 복장

"먹는 것은 자기가 좋아하는 것을 먹되,
입는 것은 남을 위해서 입어야 한다."

- 벤자민 프랭클린 -

드레스 코드

동서양을 막론하고 전쟁을 치르러 출정하는 장수들은 갑옷을 입고 전투에 나선다. 평상시 입는 옷을 벗고 왜 무거운 갑옷을 입는지에 대해 질문을 하면 대답은 몇 가지로 압축이 될 수 있다. 갑옷을 입는 가장 주된 이유는 전투 중에 적의 공격으로부터 부상을 막는 보호 장비역할을 하는 것이다. 다른 이유 중 하나는 갑옷을 입은 위풍당당한 모습을 외형적으로 나타내려고 하는 것이 아닌가 생각된다. 전투를 시작하기 전에 적을 제압할 수 있게 보이는 위용 있는 장수의 모습이 자기진영의 사기를 올려줄 수 있기 때문으로 판단된다.

대학을 졸업하고 특정 기업에 취직하기 위해 면접에 참석을 할 경우 평소 입고 다니던 청바지에 간편한 티셔츠 차림 대신 가급적 진한 색 슈트 차림의 정장을 한다. 면접 시 지적이며 차분한 느낌을 주어 첫인상을 좋게 보이려고 대부분 그렇게 입는 경향이 있다. 이와 같이 때나 장소와 상황에 맞도록 옷을 입는 것은 여러 가지 측면에서 중요하다. 골프 복장도 마찬가지이다. 장수들 갑옷처럼 기능성도 있어야 하고 남이 보아도 상황에 맞게 엉뚱하거나 불편하지 않아야 한다.

MCS 비즈니스센터 송인옥 대표는 다음과 같이 이야기를 한다. "행사나 모임에서 유난히 시선이 가는 사람이 있다. 유명한 사람도 아니고 특별히 비싸거나 눈에 띄는 패션을 하지도 않았다. 그런데도 이상하게 끌리는 매력이 느껴진다. 그 이유가 뭘까? 그의 외모, 패션이 딱 알맞게 준비되었기 때문이다. **사람들에게 자기 이미지를 매력적으로 보이게 하려면 TPO 즉, 시간**time**, 장소**place**, 상황**occasion**을 잘 고려해야 한다.** 계절과 오전, 오후에 맞아야 하며, 모임이나 행사 장소에 맞아야 하고, 기쁨과 슬픔 등의 상황에 맞아야 비로소 매력적인 사람이 될 수 있다."[93]

일반적으로 시간, 장소, 상황에 어울리도록 옷의 스타일, 격식, 모양, 색상 따위를 정해 놓은 옷차림을 드레스 코드dress code라고 한다. 예를 들어 비즈니스 웨어는 근무 시 착용하는 의복으로 화려한 색상이나 노출이 심한 것이 아니라 움직임이 편한 실용적인 소재가 적당하다.

서울 올림픽 체조경기장에서 열린 임영웅 콘서트에 온 수많은 팬들이 하늘색 굿즈를 입고 있다. 필자 역시 TPO에 맞춰 하늘색 옷을 입고 분위기에 동참했다. (2022.8.12.)

또한 레저 웨어는 여가시간을 위한 복장의 총칭으로 일하는 시간 이외의 레저 시간을 위한 복장으로 리조트웨어, 여행복, 액티브 스포츠웨어 등이 이에 해당된다.[94]

골프에서도 이러한 드레스 코드가 일정 부분 요구된다. 극단적으로 드레스 코드가 이상하면 라운드를 같이하는 동반자를 불편하게 만드는 경우가 발생한다. 골프에 맞는 적정한 복장을 갖추는 것도 하나의 예의이자 매너라고 보면 되겠다.

골프에 비즈니스적 해석을 담다

메라비언의 법칙

중국 당나라 때 관리를 등용하는 시험에서 인물 평가의 기준으로 삼았던 몸(체모體貌)·말씨(언변言辯)·글씨(필적筆跡)·판단(문리文理)의 네 가지를 이르는 말을 신언서판身言書判이라 한다. 신身은 사람의 풍채와 용모를 뜻하는 말이다. 이는 사람을 처음 대했을 때 첫째 평가 기준이 되는 것으로, 아무리 신분이 높고 재주가 뛰어난 사람이라도 첫눈에 풍채와 용모가 뛰어나지 못했을 경우 정당한 평가를 받기가 어려울 수 있다.

풍채와 용모를 자세히 보기 전에 먼저 보이는 것이 전체적인 복장과의 조화로움일 것이다. 외모가 아무리 뛰어나도 남루한 옷을 입고 있다면 평가가 긍정적이지 못할 수 있다. 이처럼 첫인상에서 복장은 중요한 역할을 한다.

일례로 백화점에 가면 복장으로 인하여 자신도 모르게 차별을 받는 경우가 있다. 특히 명품을 사러 가려면 복장을 잘 갖추어야 한다. 기대하는 물건을 득템(좋은 물건을 손쉽게 손에 넣었다는 신조어) 하려면 고객이 판매원의 관심을 잘 끌어야 한다. 아내와 같이 백화점 명품매장을 가는 날이면 아내는 필자의 복장에 매우 민감해진다. 아주 세련된 세미정장 룩에 명품 시계를 차도록 권한다. 실제로 백화점 명품 매장을 다니다 보면 복장에 따라 매니저가 대하는 태도가 달라지는 경우를 간혹 겪어보았다.

한 백화점 관계자는 "명품 매장 직원들은 손님이 어떤 사람인지, 몇 번 왔는지, 지금 찬 시계가 뭔지, 어떤 옷을 입고 있는지, 실수요자인

지 리셀러인지 귀신 같이 안다"라고 귀띔했다.[95]

UCLA 심리학과 명예교수인 앨버트 메라비언Albert Mehrabian이 1971년에 출간한 저서 'Silent Messages'에 발표한 **메라비언의 법칙**The Law of Mehrabian**은 한 사람이 상대방으로부터 받는 이미지는 시각이 55%, 청각이 38%, 언어가 7%에 이른다는 법칙이다.**[96]

시각 이미지는 자세·용모와 복장·제스처 등 외적으로 보이는 부분을 말하는데, 이 이론에 따르면, 대화를 통하여 상대방에 대한 호감 또는 비호감을 느끼는 데에서 상대방이 하는 말의 내용이 차지하는 비중은 7%로 그 영향이 미미하다. 반면에 말의 내용과 직접적으로 관계가 없는 요소가 93%를 차지하여 상대방으로부터 받는 이미지를 좌우한다는 것이다.

사람과의 만남이 장시간 동안 이루어지는 골프에서는 동반자에게 좋은 이미지를 주기 위하여 시각적 측면에서 복장에 신경을 써야 한다는 의미를 여기에서 유추해 볼 수 있다.

동가홍상(同價紅裳: 같은 값이면 다홍치마)

코로나19 장기화로 비대면 스포츠가 각광을 받고 있는 가운데 탁 트인 필드 위에서 상쾌함을 만끽할 수 있는 골프가 인기다. 특히 과거 특정 이들의 전유물로 여겨졌던 골프가 새로운 문화 활동이자 취미로 대중화되면서 스타일을 살려주는 골프웨어에 대한 수요도 높아지고 있다. 최근 젊은 층의 '플렉스flex(자신의 성공이나 부를 뽐내는 것) 문화'가 골프 인기에 불을 붙였다는 설명도 나온다. 패션 브랜드는 다양해졌고, 트렌드도 과감해졌다.

조선일보에서 20대부터 60대까지 골프 동호회·패션 회사·골프 애호가 등 남녀 187명을 대상으로 1대 1 비대면(온라인) 설문 등을 통해 '골프장 꼴불견 패션'에 대해 조사를 하였다. 가장 최악은 '노출이 심한 짧은 치마/바지'(23%)였다. 다음은 등산복(22.5%), 남녀 불문 너무 꽉 끼는 의상(20.3%), 과도한 문신(13.9%), 펑퍼짐한 배바지(8.6%), 트레이닝복 (8%) 순이었다.[97] 꼴불견 패션 중에서 개인별로 호불호는 있겠으나 등산복과 트레이닝복은 필자도 동의하기가 어려운 골프 복장이다.

예로부터 우리 선조들은 '의식주衣食住' 순서로 그 중요함을 이야기해왔다. 체면을 중요시하는 경향이 있어서 그런지는 모르지만 먹고 지내는 일보다 우선하는 것이 바로 의복이라는 말을 강조하는 의미로 받아들여진다.

이처럼 의복은 우리에게 마음의 자세를 가다듬는 중요한 역할을 한다고 본다. 장례식장의 검은색 복장은 엄숙함을 병원에서 흰 가운은 청결하고 위생적임을 나타낸다. 군대를 다녀오신 분들은 경험한 적이 있을 것이다. 평상시에 양복을 입으면 정중하고 예의 바르게 행동하지만, 예비군 소집에 응해 예비군복을 입고 나가면 평상시에 하지 않던 말이 오고 가고, 경우에 따라서는 약간의 돌출 행동이 나온다.[98]

옷을 정갈하게 잘 입고 골프를 치면 마음가짐이 달라져 핸디캡을 줄일 수도 있다. 필자의 경우 흰색 바지를 입었을 경우 낮은 핸디캡의 스코어를 기록할 빈도가 높다. 흰색 바지는 깔끔한 느낌을 주기에 스스로 군더더기 없는 골프를 치자는 마음의 자세가 티오프 전부터 갖추어진다는 생각이다.

골프장 패션은 개인의 기호와 다양성의 차이로 브랜드, 디자인, 색상 등에 대해 언급하는 것은 주제넘은 이야기일 수 있다. 그러나 복장과 관련하여 일상적인 것이지만 공유하면 좋을 것 같은 몇 가지 사례를 이야기하고자 한다. (필자가 남성이라서 여성 골퍼의 복장에 대해서는 언급하지 않았다.)

첫째, 해당 골프장의 복장 규정에 대한 안내가 있다면 그걸 우선순위로 해야 한다. 보통 부킹 한 사람에게 문자로 통보가 오는데 반드시 동반자에게 전달을 해야 한다. 특히 격식이 있는 회원제 골프장의 경우 이를 엄격히 적용하여 입장 시 시시비비가 생기는 등 곤란을 겪을 수가 있다.

[Web발신]
[ ] 박 회원님
2022-09-29(목) Ph
12:40 예약
완료되었습니다.
[cc 에티켓]
*내장 시 자켓 착용을 부탁드립니다.
(라운드티셔츠,반바지,슬리퍼 등 착용금지)
*벙커정리는 플레이어가 직접 해주시기 바랍니다.

골프장 예약 안내 문자를 받아보면 복장 규정에 대한 내용이 함께 오는 경우가 있다. 복장에 대해 아주 엄격한 회원제골프장의 경우 클럽하우스 입장 시 재킷을 입을 것을 권한다. (2022.8.22.)

골프에 비즈니스적 해석을 담다

둘째, 남성의 경우 칼라collar(깃)가 없는 티셔츠는 입지 않는 것이 좋다. 필자는 친한 분들과 겨울철에 동남아로 해외 골프 여행을 갔는데, 멤버 중 한 분이 라운드티를 입었다고 입장을 거부당해 숙소에 다시 가서 칼라가 있는 옷으로 갈아입고 입장한 적이 있었다.

셋째, 반드시 벨트를 착용해야 하며 셔츠가 밖으로 나오지 않게 착용하여야 한다. 공식 경기에서도 외모appearance 및 의상attire 부분을 통제하는데 '바지 속에 집어넣지 않은 셔츠shirt tails not tucked in'는 금지사항으로 되어있다. SBS 골프 '고덕호의 9시 티오프' 방송 진행을 맡은 고덕호 프로도 복장 매너로 이점을 매우 강조한 바가 있다.

넷째, 골프를 지속적으로 치다 보면 옷도 점점 화려해지고 남의 눈을 의식해 유행을 따라가다 보면 의복비용이 라운드 비용보다 더 많이 들어 소위 말해 '꼬리가 몸통을 흔드는 경우'가 발생한다. 유행이 지난 옷을 입고 나가면 그냥 그러려니 하면 되는데 "언제 입던 넓은 통바지를 아직도 입느냐"라고 한소리들을 한다. 그래서 골프 옷은 평상시에도 입을 수 있는 옷을 사서 유행이 가기 전에 다양한 용도로 입는 것이 좋다.

22

디지털 트랜스포메이션 시대에 대응

"기술이 진보한 것만으로는 사회의 변화는 일어나지 않는다.
적어도 변화를 받아들이는 사람들이 몇이라도 없으면 아무것도
일어나지 않는다."

- 빌 게이츠 -

디지털 트랜스포메이션

디지털 트랜스포메이션digital transformation은 기업에서 사물 인터넷
IoT, 클라우드 컴퓨팅, 인공지능AI, 빅데이터 솔루션 등 정보통신기술
ICT을 플랫폼으로 구축·활용하여 기존의 전통적인 운영방식과 서비스
등을 혁신하는 것을 의미한다. IBM 기업가치연구소의 보고서(2011)는
'기업이 디지털과 물리적인 요소들을 통합하여 비즈니스 모델을 변화
시키고, 산업에 새로운 방향을 정립하는 전략'이라고 정의하고 있다.
디지털 트랜스포메이션을 위해서는 아날로그 형태를 디지털 형태로

변환하는 '전산화digitization' 단계와 산업에 정보통신기술을 활용하는 '디지털화digitalization' 단계를 거쳐야 한다. 디지털 전환을 추진한 사례로, 제너럴 일렉트릭GE의 산업 인터넷용 소프트웨어 플랫폼 '프레딕스Predix', 모바일앱으로 매장 주문과 결제를 할 수 있는 스타벅스의 '사이렌 오더 서비스' 등이 있다. 이러한 성공적인 디지털 전환을 통해 4차 산업혁명이 실현된다.[99]

현재 모든 산업에서 일어나고 있는 디지털 트랜스포메이션이 골프 산업 분야에서도 예외일 수가 없다. 골프 산업의 공급자는 물론 수요자인 골퍼 그리고 이해관계자 모두는 이러한 대전환의 시기에 적절히 대응해 나가는 자세가 필요하다.

디지털 디바이드: 정보격차

디지털 전환이 빠른 속도로 진전되어 이에 적응 정도에 따라 디지털 디바이드digital divide, 즉, 정보격차가 발생한다. 디지털 디바이드는 모든 것이 전자화되는 사회 속에서 세대, 계층, 문화 등 다양한 원인으로 정보 및 기술 활용 능력의 차이가 벌어지고, 그로 인해 발생하는 정보의 격차를 일컫는 말이다. **디지털 시대의 도래로 인해 이득을 보는 자와 손해를 보는 자의 간극, 그 모든 것을 아우르는 용어가 바로 디지털 디바이드로 통칭되고 있다.**

1990년대부터 초고속 인터넷을 전국에 설치했던 IT 강국 대한민국에서 무슨 디지털 디바이드냐 하겠지만, 실상은 복잡하다. 우리가 다른 나라에 비해 인터넷 활용도가 높은 나라인 것은 분명한 사실이다. 과학기술정보통신부가 매년 발표하는 '인터넷 이용 실태조사'에 따르면, 2020년 현재 한국의 1,984만 가구 중 1,980만 가구가 인터넷을 사용한다. 97.1%가 인터넷 메신저를, 92.7%가 동영상 서비스를 이용한다. 거의 모든 국민이 카톡으로 연락하고 유튜브를 본다는 소리다.[100]

그럼에도 불구하고 디지털 디바이드는 이 땅에 존재한다. 이는 업종별로 나타날 수도 있지만, 아무래도 세대별 격차가 발생할 가능성이 크다. 그래서 나이 많은 사람을 대상으로 '디지털 고려장'이라는 말이 생길 정도이다. 필자는 2021년 12월경에 우리은행 광양지점이 동광양금융센터에 통합이 된다는 문자 메시지를 받은 적이 있다. 해당 지점 고객의 대부분이 온라인 뱅킹 활용도가 높다 보니 오프라인 지점 창구 운영 필요성이 줄어들었다고 한다. 필자 역시 공과금, 현금 이체 등 일상적 거래는 스마트폰 뱅킹을 통해 처리하고 은행 창구는 일 년에 두세 번 정도 방문하는 편이라서 이해가 가는 편이나 지점 폐쇄에 따라 정보격차가 크게 나는 나이 드신 고객층에서는 불만이 많다고 한다.

이것은 비단 은행만의 문제가 아니다. 패스트푸드 식당을 중심으로 매장 아르바이트 직원을 줄이고 주문받는 것을 전자식 단말기인 키오스크kiosk로 대체해왔다. 고속도로 휴게소도 대부분 키오스크로 식음료를 주문하는 방식으로 전환되고 있다. 사실 필자도 시중에서 햄버거를 사기 위해 처음으로 키오스크 터치스크린을 사용할 때 방법에 서툴러서 주문에 애를 먹은 적이 있다.

강원 홍천 세이지우드CC에서는 키오스크를 사용하여 예약고객이 직접 등록이 가능하도록 스마트 체크인 시스템을 운영하고 있다. (2022.8.25.) 등록을 마치면 우측 하단과 같은 로커 배정표가 출력된다.

이러한 사례가 디지털 디바이드, 즉 정보 격차의 모습이다. 특히 최근 2년 동안 코로나 팬데믹 시대를 경험하면서 정보격차로 인하여 스마트폰을 통한 방역 패스에서도 대응이 늦어지거나 소외될 가능성이 있다는 점이 더 큰 우려가 된다.

골프를 치는데도 정보격차가 발생한다. 대부분의 골프장에서 인터넷 회원등록은 거의 필수이며, 대중제 골프장의 경우 예약시스템이 오픈되는 순간 동반자들과 함께 동시에 광클릭을 해도 부킹이 어렵고, 클럽하우스에서 키오스크를 활용한 등록, 라운드 결과를 스마트 스코어로 기록 후 전송되는 스코어카드 등 디지털화가 곳곳에서 일어나고 있다. 그리고 더 먼 미래에 일어날 현격한 변화는 아무도 예상할 수 없다.

그러나 현재 일어나는 현상을 쫓아가지 못하면 영원히 따라갈 수가 없을 것이다. 디지털 정보격차가 더 커지기 전에 주변에서 일어나고 있는 변화에 대해 잘 적응할 수 있도록 각자가 노력을 기울여야 할 것이다.

언택트·디지털화 등 라운드 방식 변화에 적응

코로나19 팬데믹 상태가 지속되면서 지난 2년여 동안 사회적 거리두기가 계속되고 있다. 골프장에서 한 팀당 라운드 인원이 3명이 맞느냐 4명이 맞느냐, 캐디 포함이냐 제외냐, 18시 이후에는 치다가 그만두어야 하느냐 등 많은 혼선이 있었다.

언택트 시대로의 전환, 디지털 기술과 시스템의 발전, 캐디 피 부담 및 캐디 구인난 등 환경변화에 따라 라운드 방식의 변화가 일어나고 있어 골퍼들도 이에 잘 적응하여야 한다. 이러한 변화와 관련된 몇 가지 사례를 공유하고자 한다.[101]

(1) 사우스 링스 영암: 셀프 라운드를 염두에 두고 설계한 곳으로 현재 2인 플레이가 가능하다. 5인승 카트 대신 2인승 카트를 도입했고, 2020년 6월부터 모든 홀을 노캐디로 운영 중이다. 카트와 카트 패스에 센서를 설치해 골프 카트가 위험지역에 진입하면 경고음이 울리고 자동으로 멈추도록 설계해 안정성을 높였다. 계절과

날씨에 따라 다르지만, 카트를 타고 페어웨이에 진입을 할 수 있도록 했다. 골프장 전체를 실시간 모니터링하고 라운지 카페테리아에서는 직원 대신 AI 로봇이 서빙을 하고, 사우나에는 탕을 없애고 개인 샤워부스를 운영하는 등 비대면 서비스를 강화하였다.

(2) 코오롱호텔 가든 골프장: 경주 토함산 자락에 위치한 9홀 대중제 골프장으로, 기존에 노캐디 시스템을 2021년 3월부터 AI 기반의 로봇 캐디 '헬로 캐디Hello Caddy' 체계로 전환하였다. 헬로 캐디는 골프백을 싣고 사용자를 추적해 이동하면서 코스 정보, 앞 팀과의 거리 알림 등을 실제 캐디처럼 안내한다. AI 캐디 시스템을 도입한 이후 골퍼들이 클럽을 가지고 오고 가는 번거로움과 노캐디의 불편함이 없다.

(3) 세이지우드 여수 경도CC: 국내에서 배를 타고 들어가 섬에서 골프를 치는 골프 코스로 모든 홀에서 남해 바다의 절경을 조망할 수 있는 낭만적인 골프장이다. 여기에서는 직접 골프 카트를 운전하며 라운드를 즐기는 셀프 라운드와 카트 없이 로봇 골프 트롤리와 함께 로봇 캐디 라운드를 신청할 수 있다. 이 서비스는 사전 예약제로 문의가 필수이다.

렌털과 공유 서비스 강화

시대적 변화 흐름에 따라 향후 고려되어야 할 요소 중 하나는 클럽의 '렌털'과 '공유' 서비스에 관한 것이다. 소비자들의 가치관이 변화함에 따라 현재 모든 사업 분야에서 이전에는 상상하지 못했던 제품들의 렌털과 공유 서비스가 일어나고 있다.

정수기에서 시작한 '렌털'은 안마의자, 전동침대, 의료기기, 친환경 분야, 심지어는 의류와 핸드백까지 영역이 확산되고 있는 것을 주변에서 익히 볼 수 있다. '공유'경제는 일상과 밀접한 생활 분야에서 크린토피아, 코인워시 같은 24시간 무인으로 운영되는 셀프빨래방이나, 전기자전거, 전동 킥보드와 같은 개인 이동 수단PM: personal mobility 등에서 공유 서비스가 일어나고 있다.

렌털과 공유는 개인별 부담 비중이 높은 고정비를 줄여준다는 측면에서 합리적인 가격의 대여는 소비의 대안으로 향후 발전해가는 영역이 무궁할 것으로 예측이 된다.

골프클럽 렌털 서비스가 골프장별로 이루어지고 있지만, 클럽을 대여해 사용해보면 품질, 성능, 가격 측면에서 제각각이다. 이에 클럽을 표준화하고, 가격을 적정히 책정하고, 주기적인 클럽 정비관리가 체계적으로 이루어져 골프장에서 골프클럽 렌털이 일반화되도록 하는 비즈니스 플랫폼 구축방안을 고민해 보는 것도 어쩌면 필요하다는 생각이 든다. 그러면 매번 부피가 크고 무게가 나가는 클럽을 개인별로 가져 다니는 불편함을 줄일 수 있다. 오랜만에 휴가를 받아서 여행을 간

골프에 비즈니스적 해석을 담다

김에 운동을 하거나 간단히 하루치는 골프를 위해 무거운 채를 가지고 다닐 필요가 없어지는 시대가 도래할 수도 있다.

메타버스로의 진화에 편승

최근에 메타버스metaverse라는 표현이 넘쳐나고 있다. 메타버스는 가상·초월을 뜻하는 메타meta와 세상·우주를 뜻하는 유니버스universe를 합친 말로, 현실과 가상이 상호작용하며 사회적·경제적·문화적 활동이 이루어지는 공간을 말한다. 현실과 가상의 세계를 좁힌 것이 메타버스이다.

각종 IT 기기의 성능이 좋아지면서 가상 세계의 환경을 현실에 가깝게 설정하는데 수월해졌고, 이제는 효율성을 말하기 시작했다. 외국에 많은 플랫폼이 있지만 우리나라 네이버가 만든 AR* 서비스 플랫폼 '제페토'가 좋은 사례이다. 사용자들이 얼굴 인식과 AR기술 등을 이용해 나와 닮은 3D 아바타를 만들어 제페토에 입장을 한다. 본인이 만든 아바타는 현실과 유사한 가상현실에서 실제로 다른 유저와 소통하며 사회생활을 한다. 한강변을 산책하거나 자신의 방을 꾸밀 수 있다. 코로나19 사태로 비대면 상태에서도 제페토에서 만나서 제약 없이 사회활동을 할 수 있다.[102]

---

*   AR(Augmented Reality: 증강현실): 현실 세계에 3차원 가상 물체를 겹쳐 보여주는 기술

가상현실서 즐기는 스마트골프 AIX…인공지능 코치와 스윙 연습

[일간스포츠] 입력 2022.02.15 09:52

스마트 골프 AIX는 정확한 IMU 센서로 사용자의 자세를 정확하게 인식한 후 머신러닝을 통해 사용자에게 필요한 자세 코칭을 정확히 제시한다. 스마트폰의 어플리케이션과 연동하여 사용자의 어드레스부터 어프로치, 임팩트 순간까지 실시간으로 스윙 궤적을 분석하여 꼭 맞는 코칭을 제시할 수 있는 스마트골프 AIX는 임팩트 여부 뿐만 아니라 골프공이 날아가는 방향과 거리, 궤적까지 바로바로 확인할 수 있다.

스마트골프.

가상현실로 집안에서 골프를 즐기는 장비들 개발이 가속화되고 있다. (일간스포츠 2022.2.15.)

VR*과 AR 콘텐츠 시장의 성장으로 무대에서 먼 객석에서도 VR 장비를 쓰고 자신이 원하는 각도에서 실감 나게 공연을 즐길 수 있고, 축구장에서도 VR 장비를 착용하면 선수들과 인근 거리에서 경기를 관람할 수 있다.

골프 산업에서도 각 가정에서 개인 연습을 할 수도 있는 메타버스 형태의 플랫폼과 장비가 개발이 진행되어 상품화되고 있으며, 인도어 골프장이나 스크린 골프장에서도 고객이 좀 더 다양하게 현실감 있는

---

*   VR(Virtual Reality: 가상현실): 컴퓨터를 통해 가상현실을 체험하게 해주는 첨단 기술

                     골프에 비즈니스적 해석을 담다

골프장 환경에서 즐길 수 있도록 기술개발에 있어 진화가 이루어질 것으로 보인다.

최근에 골프를 즐기는 인구가 560만 명을 넘어서면서 대중화하자 IT 대기업까지 골프 시장에 뛰어들고 있다. LG전자는 일본 업체가 주도하는 상업용 프로젝트 시장에 최대 300인치 크기 화면을 구현하는 LG의 빔프로젝터를 스크린 골프 시장에 확산시키기 위해서 스크린 골프장 예약 서비스인 '김캐디'와 골프 시장 저변 확대를 위한 협약을 체결했다고 밝혔다. 삼성전자는 '갤럭시워치4 골프 에디션'에 전 세계 4만여 개 골프 코스 데이터와 거리 측정, 샷 이력 확인 등이 가능한 앱을 탑재했다. 원조 격인 골프존은 TV 화면과 센서가 내장된 골프채를 연동해 가정에서도 스크린 골프를 즐길 수 있는 '비전 홈' 장비를 최근 내놨다.[103]

23

리더와 골프 I

"미스 샷의 변명은 당신의 동료를 괴롭힐 뿐만 아니라 본인까지도 불행하게 만든다."

- 벤 호건 -

리더의 역할과 골프의 유사성

경영 환경이 복잡해지고, 불확실성이 높아지고, 기술 발전이나 변화의 속도가 아주 빠르게 진행되면서 기업의 최고경영자CEO: Chief Executive Office가 회사의 전반적인 업무를 혼자서 파악하고 직접적으로 수행하기가 어려워져 전문 분야별 C레벨 임원을 두고 권한을 위임하고 도움을 받는 지배구조 사례가 많아졌다.

일반적으로 최고재무책임자CFO: Chief Financial Officer, 최고운영책임자COO: Chief Operation Officer, 최고마케팅책임자CMO: Chief Marketing Officer, 최고기술책임자CTO: Chief Technology Officer를 두는 경우가 많

으며, 최근에는 4차 산업혁명 등 기업 내 정보시스템 관리를 위한 최고 정보관리책임자CIO: Chief Information Officer를 두거나, 2022년 1월에 시행된 중대재해처벌법 시행관련 최고안전책임자CSO: Chief Safety Officer 자리를 신설하는 등 기업의 업종과 전략 방향에 따라 여러 유형의 C레벨 임원을 두고 있다.

C레벨 임원들 중 일부는 이사회 멤버나 경영위원회 위원 활동을 겸하고 있어, 이러한 경영 경험을 가진 사람들이 향후 CEO 승계계획에 의거 최고경영자 후보가 될 가능성이 크다. 승계계획succession planning 은 '조직의 핵심적인 직책에 있어서 리더십의 연속성을 유지하기 위해서 후임자를 사전에 선정하고 필요한 자질을 육성하는 체계적인 활동'을 의미하는데, 이를 통하여 경영의 연속성을 유지하고 리더십 공백을 줄일 수 있다.

토인비A. J. Toynbee가 "모든 행복한 가족들은 서로 닮아 가는데 불행한 가족들은 각자의 방식을 고집하기 때문에 불행해진다"라고 한 말은 C레벨 임원에게도 그대로 적용된다.[104) 지배구조를 통해 조직의 기본 목적, 존재 이유, 전략적인 방향, 가치체계에 일치되게 모두를 관련시킴으로써 한 방향 정렬이 가능하도록 만들고 사업의 연속성을 유지하는 것이다. 즉, C레벨 임원은 CEO와 동일한 경영활동을 하는 것으로 CEO처럼 생각하고 CEO 역할을 수행해야 조직이 한 방향으로 나아갈 수 있다.

그러면 구체적으로 CEO의 어떠한 역할을 수행해야 하는지에 대한 것이다. **필자는 CEO 역할을 영문자 머리글자를 따서 대안을 선택**

Choice하고, 선택된 대안을 실행Execution하고, 실행결과 성과Output를 내는 세 가지로 정의한 적이 있다.[105]

"골프=CEO"
-Choice: 클럽선택
-Execution: 스윙실행
-Output: 보기/파/버디

2015년 가을로 기억된다. 당시에는 골프장에서 전문사진사가 첫 홀 티잉 그라운드에서 샷 하는 장면이나 주변 상황을 찍어 골프 잡지 표지와 합성하여 액자에 넣은 후 라운드가 끝나면 판매하는 경우가 가끔 있었다.

CEO의 이러한 역할은 경영관리 기본이론에서 나오는 PDS사이클과 맥락을 같이한다. PDS사이클은 Plan(계획), Do(실행), See(통제)의 순환과정으로, 계획수립단계에서 필수적으로 여러 대안 중 하나를 선택하는 과정을 거친다는 점에서 Plan=Choice, 실행은 두 단어의 의미가 유사한 것으로 Do=Execution, 통제는 성과에 대한 피드백을 의미하는 것으로 See=Output으로 해석할 수 있다. 즉, CEO 역할 수행에 대한 의미는 PDS사이클과 같은 뜻으로, 조직의 리더는 CEO가 하는 경

골프에 비즈니스적 해석을 담다

영관리활동PDS을 잘 수행해야 한다는 것을 의미한다.

이러한 측면에서 CEO의 역할은 골프 경기를 하는 골퍼와 어느 정도 일맥상통한다는 생각이 든다. 골퍼들은 경기에 임하여서 매번 하는 샷을 어떤 클럽으로 칠 것인가를 선택Choice하고, 코스나 날씨 등의 변수를 고려하여 스윙을 실행Execution하고, 그에 따라 버디나 파 혹은 보기 등의 스코어 결과Output를 내기 때문이다.

CHOICE: 무엇을 선택한다는 것인가

우리 인생에서 자고 일어나면 매 순간 선택을 해야 한다. 밥이나 빵 중에 뭘 먹을까 아니면 굶을 것인지, 무슨 옷을 입을 것인지, 지하철이나 버스 중에 무엇을 탈것인지 등 다시 잠드는 순간까지 수많은 선택을 해야 한다. 골프도 마찬가지로 티오프를 해서 경기가 종료될 때까지 여러 가지 상황을 고려하여 매 순간 선택을 해야 한다.

티잉 구역 어느 지점이 스탠스가 평평하고 코스에 적합한지 선택, 티샷을 드라이버로 할 것인지 이니면 우드로 할 것인지 선택, 세컨드 샷을 그린보다 길게 혹은 짧게 보내기 위한 아이언 클럽 선택, 그린을 놓쳤을 때 띄울 것인가 굴릴 것인가에 따른 클럽 선택, 퍼팅에서 경사나 라인에 따라 스트로크 강도 선택 등 모든 샷에는 플레이어의 선택이 따른다.

어떤 유형의 경기를 하느냐에 따라 선택이 달라지기도 한다. 스트로크 게임에서는 비록 샷 실수를 했더라도 더 이상 타수가 늘어나지 않도록 안전한 차선의 클럽을 선택할 수 있다. 그러나 매치플레이에서는 샷 실수로 이왕 그 홀을 내어주는 경우에는 다소 무리가 있더라도 3번 우드를 쥐고 먼 거리 온 그린을 노려볼 수도 있다. 상황에 따라서 모든 선택이 달라지는 것이다.

경영에 있어서도 모든 것의 시작은 선택이다. 어떤 계획이나 전략을 선택하느냐에 따라 경영성과가 달라질 수 있다. 선택이 잘못되면 좋은 결과를 가져올 수가 없다. 선택은 다른 말로 하면 최고경영자CEO의 의사결정이다. 경영자나 조직의 리더는 결과에 책임을 지는 모든 선택을 혼자서 결정해야 하는 외로운 자리다.

필자 역시 수년 동안 조직 생활을 해왔지만 문제가 되지 않을 일들의 대부분은 C레벨 임원 수준에서 전결 처리되고 권한이 위임이 된 일이라도 향후 문제가 발생할 것 같은 일은 어떠한 형태이던 CEO에게 의사결정을 받으려고 하는 경우를 많이 보아 왔다.

골프 역시 CEO와 같이 플레이어 혼자서 모든 것을 결정하고 감당하는 외로운 경기이다. 물론 캐디나 거리측정기의 도움을 받는 경우도 있지만 마지막 의사결정은 골퍼의 몫이다. 그래서 골프에서 간혹 잘못된 선택은 화를 부른다. 코스 중간에 해저드hazard나 크리크creek가 있으면 다소 아쉬움이 있더라도 끊어서 가면 쉽게 보기를 하거나 경우에 따라서는 파를 하지만, 3번 우드와 같은 무리한 선택을 하는 순간

골프에 비즈니스적 해석을 담다

트리플 보기라는 아찔한 결과가 기다리게 된다. 물론 성공을 하면 확실한 버디 내지 이글이라는 기회가 주어지기도 하지만 그럴 확률이 낮을 뿐이다. **'하이 리스크 하이 리턴**high risk high return**'이라는 명제는 경영관리나 투자에서만 사용하는 용어가 아니라 골프 경기에도 동일하게 적용되고 있다.**

EXECUTION: 스윙은 어떻게 할 것인가

스윙을 실행하는 방법 즉 어드레스, 백스윙, 다운스윙, 팔로우 스윙, 피니시 등 어떻게 스윙할 것인가에 대한 방법은 필자가 '프로 레슨러'가 아니어서 여기서 언급하지 않겠다. 그러나 분명히 알아야 할 것이 있다. **스윙에 대한 책임은 골퍼 자신에게 있으므로 매번 실행하는 스윙에 대해 자신감을 가지고 스윙을 해야 한다.**

골퍼는 클럽 선택도 본인이 하지만 스윙의 결과에 대한 책임도 본인이 져야 한다. 마찬가지로 조직의 리더도 책임감을 가지고 경영해야 한다. 이슈나 문제가 발생하였을 때 리더가 상황을 통제하지 못하고 "우리 모두의 책임이다"라며 책임을 여러 사람에게 돌리는 것은 리더로서 자질이 부족한 것으로 판단된다. 책임은 의사결정자가 지는 것이다. 어떠한 경우에도 상황을 통제하여 최선의 결과를 가져오도록 노력해야 한다.

우선적으로 자신의 처한 상황이나 문제를 인식하는 것도 절반의 성공이다. 스윙의 실행에서 실수가 발생하면 무엇이 원인인지를 빨리 인식해야 한다. 스윙 리듬이 빠른 것인지, 몸이 경직되어 회전이 덜된 것인지, 아니면 공을 끝까지 보지 못한 것인지, 문제점을 찾아내는 것이 중요하다. 이를 위해서 여유시간에 동반자들과 담화를 나눌 것이 아니라 자기만의 템포tempo나 스윙 궤도를 찾기 위해 연습 스윙을 어느 정도 계속해야 한다. 필자의 지인 중 골프를 잘 치는 사람으로 인식된 한 분은 라운드 도중에 약간의 시간이 나면 혼자서 가벼운 연습 스윙을 자주 하면서 경기 리듬을 계속 유지하는 습관을 가지고 있었다.

완성完成의 반은 반성이다. 스윙이 잘못 실행되었을 때, 무엇이 잘못되었는지를 '반성'하고 나서 시작을 하면 '시작이 반'이니 '완성'할 수 있다. 자신의 스윙을 실행함에 있어 모든 샷에 대한 냉철한 분석 없이 좋은 스코어를 낸다는 것은 있을 수 없는 일이다.

OUTPUT: 성과란 무엇인가

기업 차원에서 성과는 매출액, 영업이익률, 당기순이익, 투자수익률 등 주로 재무적인 수치로 나타나며, 업종에 따라서 시장점유율, 고객만족도, 이직률 등의 지표도 '성과관리performance management'에 활용된다. 성과관리란 조직의 비전과 전략을 달성하기 위한 경영 목표와 활동 계획을 수립·시행하고, 그 결과를 평가해 경영 및 조직 관리에 피

드백시킴으로써 조직의 성과를 극대화하기 위한 노력을 의미한다.[106]

　이는 조직 차원의 성과관리를 의미하는 것으로 조직에 속한 구성원 개인이 이룬 성과는 이와는 다른 측면이 있다. 연구에 의하면 조직에서 개인의 성과는 크게 '직무성과', '시민행동', '생산성저하행위'세 가지로 구성된다.[107] 골프에서 성과 역시 조직이나 집단이 이룬 것이 아니고 개인이 이룬 경기 결과를 의미하는 것으로 이 세 가지 요소로 해석을 할 수 있다.

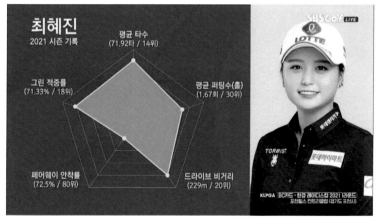

2021년 BC카드·한경 레이디스컵 1라운드 중계방송에서 최혜진 선수의 최근 성적이 안 좋은 원인을 전체 80위인 페어웨이 안착률이라고 분석했다. (SBS Golf TV 2021.6.24.) 선수 개인의 경쟁력을 나타내는 지표 중 어느 하나라도 좋지 않으면 우승 혹은 상위권을 유지하기가 어렵다. 최혜진 선수를 응원하는 팬의 한사람으로 방송을 보면서 전년 대비 성적이 나오지 않아 안타까운 마음이 들었다.

(1) **직무성과**task performance: 상품이나 서비스를 생산하거나 관리 업무를 수행하는데 부과되는 의무 사항의 완수 정도로, 직무기술 서 상에 부여된 과업을 잘 수행한 결과를 의미한다.

골프에서는 18홀 스트로크 게임에서 개인별로 몇 타를 쳤는지, 홀 매치 경기에서 몇 홀을 이겼는지를 의미한다. 프로골퍼의 경우 상금, 톱 텐 피니시, 컷 통과 횟수가 중요한 성과이며, 평균타수, 드라이브 비거리, 페어웨이 안착률, 그린 적중률, 평균 퍼팅 수가 개인의 경쟁력을 나타내는 성과지표이다.

(2) **시민행동**citizenship: 조직의 심리적 환경에 공헌하는 행동이다. 자발적으로 타인을 도와주거나, 동료를 존중하는 태도로 대하거나, 건설적인 의견을 제시하거나, 직장에 대해 긍정적인 발언을 하는 등의 행위를 의미한다.

라운드 중 분위기를 띄우려고 '나이스 샷'을 외치거나 분실된 공을 찾으러 산비탈을 같이 다니는 행위 등은 골프에 있어서 시민행동에 해당한다. 또한 그린 보수, 디봇 메우기, 벙커 정리 등 골퍼로서 매너 있는 행동의 대부분은 여기에 해당한다.

(3) **생산성저하행위**counterproductive: 조직에 의도적으로 손해를 입히는 행위이다. 절도, 기업재산 파손, 동료들에게 적대적으로 행동하기, 고의적인 결근 및 태업 등을 말한다. 음(-)의 성과를 의미한다.

골프에서는 경기를 지연시키는 행위, 전화벨 소리 등 타인의 샷을 방해하는 행위, 캐디와의 언쟁 등으로 동반자를 불편하게 만드는 행위 등 매너 없는 비상식적인 행동으로 인하여 다른 사람들의 정상적인 플레이를 어렵게 만드는 것이다.

24

리더와 골프Ⅱ

"신사들이 골프를 한다.
시작했을 때 신사가 아닐지라도
이 엄격한 게임을 하게 되면 신사가 되고 만다."

- 빙 크로스비 -

리더는 골프를 잘 쳐야 하는가

수천 년 전에는 흉년이 들거나 역병 혹은 홍수 등의 천재지변이 발생하면 대부분 하늘의 뜻이라며 이해되지 않는 모든 사건은 하늘이나 신에게 이를 전가하거나 의지하였다. 이와 마찬가지로 최근 수십 년간 경영이나 조직 운영의 성과와 실패에 대해서 모든 것을 리더십으로 설명하는 경향이 있다. 성공한 리더의 리더십을 본받아야 한다면서 리더십이 만병통치약이 되는 시대에 살고 있다.

조직 수준에서 한 조직의 극히 부정적이거나 긍정적인 성과에 대해 잘됐건 잘못됐건 리더에게 책임을 돌리는 경향을 '리더십 귀인이론 attribution theory of leadership'이라고 한다. 리더십 귀인이론은 리더의 특성이 부하에게 어떻게 지각되는지가 리더십을 결정한다는 이론이다.[108] 리더십 덕분에 성과가 향상되는 것이 아니라 조직의 성과를 리더십 덕택으로 귀인 한다는 것이다. 즉 리더십은 리더의 실제 행동이라기보다는 성과를 합리화하기 위해 만들어진 귀인, 즉 부하의 지각인 것이다.

귀인이론attribution theory은 자신이나 타인의 행동이 발생한 원인을 추론하는 것을 말한다. 귀인에는 '내적 귀인'과 '외적 귀인'이 있는데, 전자는 성격, 태도, 기분 등 사람의 내부에서 원인을 찾는 것이고, 후자는 환경적인 요인, 즉 운이라든가 돈, 날씨 등 외부에서 원인을 찾는 것을 말한다. 내가 실패를 하면 운이 없었기(외적 귀인) 때문이고 타인이 실패하면 원래 실력이 없는 사람이기(내적 귀인) 때문이다. 반대로 내가 성공하면 능력이 뛰어나기(내적 귀인) 때문이고 타인이 성공하면 운이 좋아서(외적 귀인)라고 외부로 그 원인을 돌린다.[109] 내 문제는 세상 탓, 남의 문제는 그 사람 탓 이것이 소위 말하는 '내로남불' 사고이다.

가끔 본인에게만 지나치게 관대한 골퍼가 있다. 타인의 룰 위반은 눈 뜨고 못 보지만 스스로에게는 한없이 관대하다. 골프에도 '내로남불'이 있다. '동반자가 안 볼 거 같으니까', '멀리 떨어져 있으니까', '신경 안 쓸 거니까' 등이 대표적이다. 무엇보다 다른 사람도 아니고 '나니까'라는 이유가 크다. 그들은 볼을 좋은 라이에 옮긴다. 벙커 안에서 은근슬쩍 볼을 뒤쪽으로 이동시킨다. 그린에서 마크를 볼보다 앞쪽에 한다. 룰은 책에 있지 않다. 내 마음속에 있다. 이를 지키려는, 지켜야 한다는 마음에 있는 것이다. '그냥 편하게 치지, 이런 거까지 지켜야 해'라고 말하는 골퍼에게 룰은 그저 글자에 불과하다.[110]

충북 제천 에콜리안CC는 캐디 없이 본인 골프백을 수동카트에 싣고 혼자 이동하면서 공을 치는 곳이다. (2022.5.21) 거리 측정, 클럽선택 및 관리, 벙커 정리, 공 닦기, 그린 라인읽기 등 모든 것을 혼자 직접 해야 하므로 동반자에게 신경을 쓸 여유가 없어서 '내로남불'의 심리가 작용할 가능성이 큰 곳이다.

필자의 경험에 의하면 우리나라와 같은 문화와 환경에서는 리더는 뭐든지 어느 정도 할 수 있어야 한다. 사람을 쓸 때 주로 장점 중심으로 보고 쓰지만 단점이 몇 가지 있으면 이것이 중요한 자리에 가지 못하는 결정적인 요인이 될 수가 있기 때문이다. 특히 C레벨 리더와 같이 임원이라는 고위직에 올라갈수록 사적인 시간이 줄어들고 조직과 운명을 같이 해야 하므로 자신이 스마트하고, 인간적이고, 언변에 능하며, 적극적이며, 성실히 일하고, 작업 스타일이 일관성이 있다는 인식을 부하직원, 동료, 그리고 최고경영자CEO에게 심어주어야 효과적인 리더로 보일 가능성이 높다.

수영 경기장에 가면 '박태환'이 잘생겼고 리더십이 있어 보이고, 빙상 경기장에 가면 '김연아'가 멋있고 리더십이 있을 것 같은 느낌이 드는 것은 어쩌면 당연하다. **C레벨 리더도 골프를 한다면 어느 정도 수준까지는 제대로 쳐야 리더십에 손상이 가지 않는다. "저 사람이 제발 우리 조에 편성되지 않기를 희망한다"라는 말이 골프장에서 나오기 시작하면 실제 업무에 있어서도 인간관계나 리더십 구현이 어려워질 수 있다.** 실제로 공을 제대로 잘 치지 못하면 혼자 산으로 들로 뛰어다니다가 운동이 끝이 난다. 어느 정도 따라갈 정도는 쳐야 시간적 여유가 생겨서 동반자들과 이런저런 이야기도 나누면서 리더십을 확보할 수가 있는 것이다.

권력과 골프에서 리더십

리더십과 권력은 서로 다른 특성을 가진 개념이지만 집단 내에서 리더십을 발휘하기 위해서는 어느 정도의 권력이 필요하다. 권력power은 상대방으로 하여금 원치 않은 행동을 강제하는 능력을 말한다. 쉽게 말해 내 말에 따르게 하는 능력이 권력이다. 이러기 위해서는 상대방이 나에게 의존하게 되도록 만드는 뭔가를 가지고 있어야 한다.

상대의 의존성dependency을 높이는 데는 ①물질을 제공하는 보상reward 능력, ②무력이나 징계 등 강제성coercion, ③계급 등 합법적 지위를 통한 정당성legitimate, ④필요한 핵심 정보information의 유무, ⑤면허·자격·기술 등 특정 분야 전문성expert이 있다.[111]

이 중에서 골프를 칠 때 특히 필요한 것은 '전문성'으로 구체적으로 골프를 잘 치는 기술과 이와 관련된 규칙의 숙지 정도이다. 보상, 강제성, 정당성, 정보와 같은 다른 요소는 사실 골프에서 리더십을 발휘하는 것과는 다소 거리가 있다. C레벨 임원은 골프장에서 어느 정도 리더십을 발휘하기 위해서는 공을 잘 치는 기술이 필요하며, 이를 통해 라운드를 주도해나갈 수 있다.

"멀리건은 티샷에 한해서 한 번만 드립니다."

"페어웨이 가운데로 공을 던지는 것은 너무 과한 드롭입니다."

"그 거리를 컨시드 주는 것은 일반적인 기준을 벗어납니다."

공 잘 치는 기술 권력을 가진 리더가 이렇게 몇 마디만 하면 동반자들이 공을 좀 더 신중하게 치게 되고, 경기 진행도 빠르게 유도되고,

라운드의 재미를 증대시킬 수 있는 것이다. 또한 경기규칙에 대해서도 잘 알고 있으면 더욱더 주도적으로 게임을 이끌 수 있다.

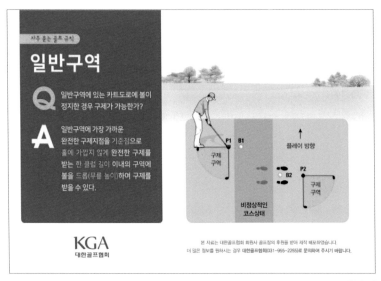

골프 규칙을 잘 숙지하는 것도 리더십을 확보하는 방법이다. 발생 빈도가 높은 카트 도로 구제 방법은 반드시 알아야 하는 규칙이다. (대한골프협회 홈페이지) 가장 가까운 구제지점(NPR: the nearest point of relief)은 B1에 공이 있으면 P1 지점이, B2에 공이 있으면 P2 지점이 된다. 여기에서 한 클럽 이내의 구역에서 드롭을 하면 된다.

권력이 있는 리더는 자기에게 이익이 되는 행동을 '뭐 그럴 수도 있지'라고 아주 쉽게 생각할 수도 있다. 마찬가지로 사람들에게 불공정한 행동을 별것이 아니라고 무심코 지나칠 수도 있다. 권력이 있으면 어떠한 행동도 정당화할 수 있다는 착각을 할 수 있다. 권력이 있고 말 잘하고 설득력이 있는 사람은 비윤리적인 행동을 하고도 합리화할 수 있는 능력이 있기 때문에 스스로 이를 조심하여야 한다.

골프에 비즈니스적 해석을 담다

권력이 있는 리더가 공을 제대로 치지 못하면 전반적으로 경기 진행이나 재미가 줄어들게 된다. 그리고 이로 인하여 라운드 중에 정치 행위가 일어나게 된다.

만약 리더의 티샷이 부정확하여 멀리건을 자주 받는다면 다른 동반자들에게도 어느 정도 비슷하게 이를 적용해주어야 하므로 경기 지연이 발생하거나 일반적인 규칙 적용이 어려워 전반적으로 라운드 흥미를 반감하게 된다. 또한 퍼팅 시 일반적으로 인정되기 어려운 거리에서 컨시드를 받고 이를 리더가 좋아한다는 것을 알면 컨시드가 남발되면서 그린에서 정치활동이 일어나게 된다. 극단적으로 리더가 첫 퍼트를 스트로크하는 순간 어디선가 '오케이' 소리가 들려온다. 그리고 이러한 정치활동이 라운드 내내 확대 재생산된다.

골프를 칠 때 이러한 정치적 행동political behavior을 성공적으로 하여 보상으로 연계가 된다는 사실이 알려지면 실제 조직 내에서 일을 하는 과정에서 정치 행동을 활성화하는 분위기가 조성된다. 어떤 면에서는 리더에 대한 정치 행동은 그런 행동을 그룹이나 조직이 받아들이는 것처럼 보이게 하여 주변에 있는 낮은 직위에 있는 사람이 정치 행동에 관여하는 것을 허락하게 되면서 조직 효율성은 저하되고 비윤리적인 측면이 나타날 수도 있다.

25

골프 3 락

"계획이란 미래에 관한 현재의 결정이다."

- 피터 드러커 -

골프에서 얻는 즐거움

아마추어 골퍼는 어떤 때는 공이 잘 안 맞아서 골프를 계속 쳐야 하나라는 회의가 생기고, 또 다른 때에는 너무 잘 맞아서 자신도 놀라는 경우가 있다. 골프에 재미를 느끼는 것은 실력도 실력이지만 18홀을 지나는 동안 누구도 예측하지 못하는 일이 발생할 가능성이 있기에 흥미와 즐거움을 더하는 운동이다.

프로들의 경기에서도 한 번의 티샷 미스나 예상치 않은 공략 방법 선택으로 트리플 보기 혹은 쿼트러플 보기 이상의 스코어를 내는 경우를 수없이 보아왔다.

2022년 8월 7일 미국 노스캐롤라이나주 시지필드CC에서 열린 PGA 투어 윈덤챔피언십에서 김주형 선수가 최종 합계 20언더파 260타로 우승했다. 그는 1라운드 파 4인 첫 홀에서 쿼드러플 보기를 하고도 67타를 쳤다. 첫 홀에서 이른바 '양파'를 하고도 언더파를 친 건 2003년 이후 3번밖에 나오지 않은 기록이다. 김주형은 바로 그 대회에서 최종 라운드 61타를 기록하면서 5타 차의 압도적인 우승을 거뒀다. 첫 홀 양파를 하고 우승한 선수는 PGA 투어가 기록을 시작한 지난 40년간 한 명도 없었다.[112] "골프에서는 무슨 일이든 일어난다"는 말이 있는데 이를 뒷받침해주는 이야기이다.

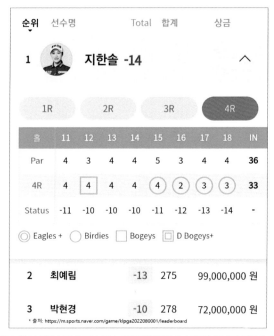

2022년 KLPGA 투어 제주삼다수 마스터스 최종라운드에서 14홀이 끝나고 지한솔 선수가 1위 최예림 선수에게 3타차 뒤진 2위였다. 그러나 지한솔 선수는 마지막 4홀 연속 버디라는 아무도 예상하지 못한 기적적인 드라마를 연출하면서 1타 차 역전 우승을 했다. (네이버 스포츠 2022.8.7.)

이러한 다양성이 골프에서 상대적으로 즐거움을 가져다주는데 인터넷에서는 '골프 3 락'이라는 명칭으로 소소하게 즐거움을 주는 여러 가지 유형이 언급되고 있다.

"내기 게임에서 앞에 친 사람들이 전부 OB를 냈을 때"

"경기 후 클럽하우스 들어가는데 비가 쏟아질 때"

"샤워 후 생맥주 한잔하면서 그날 라운드를 복기할 때"

"함께한 동반자가 다음에 나와 또다시 골프 치자고 제의할 때"

이상과 같은 여러 사례에서 볼 수 있듯이 사람마다 생각이나 살아가는 방식이 달라서 골프에서 얻는 즐거움을 '이것이다'라고 뚝 잘라 설명하긴 어렵다. 일반적으로 **"하수는 거리에서 통쾌함을 느끼고 고수는 숏 게임에서 카타르시스를 느낀다"**라고 하지만 필자가 골프를 통해 얻는 즐거움 세 가지, 즉 골프 3 락은 '건강증진', '관계 유지', '일정 계획'이다.

골프를 치면 '건강증진'이 된다

사람은 건강하지 못하면 제대로 된 생각과 활동을 할 수가 없다. 건강에 이상이 생기면 고통이 수반되고 결국은 신체기능이 마비되어 죽을 수밖에 없다. 건강해야만 살아남아 다른 무엇을 이루고 즐길 수 있다. 따라서 건강해야 한다는 건 우리 인생 최고의 가치일 수 있다. 요즘에는 젊고 건강한 사람들도 필라테스, 요가, 스트레칭, 나이트 러닝

등과 같은 유산소 운동으로 자신의 건강관리에 시간과 투자를 아끼지 않는다고 한다.

골프가 건강에 좋다는 것은 스윙을 하는 동작 자체도 운동이지만 오랜 시간 지속적으로 걸어야 하는 운동이라는데 있다. 보통 18홀을 걸으면서 라운드를 한다고 하면 평균 6km 내외를 걷게 된다. 물론 중간중간에 카트를 타기도 하나 어느 정도 거리 이상은 반드시 걸어야만 하기에 걷는 운동을 한다는 것이 중요하다. 나이를 불문하고 걷는 것이 좋다는 것은 이미 널리 알려진 사실이다.

걷는 것은 단순한 이동 수단이 아니다. 건강을 꼬박꼬박 저축하는 것이다. 발은 제2의 심장으로 불린다. 발에는 무수한 혈관이 있다. 발바닥이 지면에 닿을 때마다 피를 펌핑해 위로올려 보낸다. 혈액을 순환시키는 모터가 양쪽 발에 달려 있다고 생각하면 된다.[113]

무작정 6km 이상을 걸으라고 하면 지루하게 느껴질지도 모른다. 그**러나 골프는 200m 혹은 150m씩 나누어서 중간 목표에 대한 도전과 창의적인 샷에 대한 생각을 하면서 신선한 공기를 마시며 걷는 운동이기에 다른 운동과 비교해서 걷는 것이 즐거운 운동이다.**

젊은 시절에는 '꽃병'이 식탁에 있고 나이가 들면 '약병'이 식탁에 놓인다고 한다. 몸이 아파 병원에 가져다주는 돈으로 골프를 쳐서 건강을 유지할 수 있다면 이것보다 더 좋은 일은 없을 것이라는 생각이 든다.

골프를 통해 '관계 유지'가 가능하다

회사 혹은 어떤 조직 단위에서 수십 년 이상 오랫동안 일을 하게 되면 매일 만나는 사람들과 인간관계를 맺게 된다. 그런데 이러한 인간관계는 경우에 따라 깊이 뒤얽힐수록 서로 성가실 수도 있다. 매일 만나다 보면 별로 만나고 싶지 않고 심지어는 싫어하는 사람도 일 때문에 할 수 없이 정상적인 관계인 양 만남을 유지한다.

1971년 2월 18일 초등학교를 함께 졸업한 어릴 적 친구들이 한 달에 한번 라운드를 하며 관계를 유지하고 있다. 흰머리와 주름살이 세월의 흔적을 지울 수는 없지만 모두의 표정은 50년 전의 바로 그 얼굴들이다. (골프존카운티 진천CC 2021.6.28.)

세상을 살면서 인간관계를 피할 도리는 없다. 그리고 대부분의 경우 지나치게 관계가 깊어져 서로에게 어느덧 끔찍할 정도로 무거워진 덕

골프에 비즈니스적 해석을 담다

분에 문제가 생긴다. 사람은 약간의 거리를 두고 통풍이 가능해지는 것이 중요하다. 그것이 최소한의 예의인 듯싶다. 거리라는 것이 얼마나 위대한 의미를 갖는지 사람들은 잘 모른다. 거리를 두고 떨어져 있으면 세월과 더불어 그에게 품었던 나쁜 생각들, 감정들이 소멸하고 오히려 내가 그를 그리워하는 건 아닌가, 궁금함이 밀려온다.[114)]

골프는 너무 깊이 얽힌 관계도 아니고 친구 하나 없이 외톨이로 외롭게 살아가는 처지도 아닌 적정한 인간관계를 유지해주는 활동이다. 다른 사람들과 관계를 맺지 않고 혼자 살아가는 무료함과 외로움은 죽음보다 더 큰 아픔일 수 있다. 스스로 책, 컴퓨터, 음악 그리고 산, 강, 바다 같은 자연을 친구라 여기고 즐기며 살면서도 외로움을 해결하지는 못할 것이다.

일본 도쿄대 노화연구소가 도쿄 주변에 사는 65세 이상 인구 5만 명을 대상으로 혼자서 운동한 그룹과 운동은 안 해도 남과 어울린 그룹 중 나중에 누가 덜 늙었는지를 살펴봤다. 나 홀로 운동파의 노쇠 위험이 3배 더 컸다. 운동을 하면 좋지만, 안 해도 남과 어울려 다닌 사람이 더 튼튼했다는 얘기다. 어울리면 돌아다니게 되고, 우울증도 없어지고, 활기치게 보인다.[115)]

현업에서 은퇴를 하고 나서 한 달에 몇 번 팀을 구성해서 라운드를 한다. 한 달에 한 번 정도 적정한 관계를 유지하면서 어떻게 지내는지 안부도 묻는 등 이야기를 나누다 보면 살아가는 느낌이 든다. 간혹 지난 세월 동안 별로 달갑게 여기지 않은 사람이 있더라도 적정한 거리를 두고 만나는 것이기에 그동안 어떻게 지냈는지 궁금하기도 하고 반

갑기도 한 경우도 생긴다. "사람과의 관계는 숲길과 같아서 자주 왕래
하지 않으면 잡목만 우거진다"라는 말이 있듯이 적정한 관계 유지는 생
활에 활력을 불어넣기도 한다.

라운드 '일정계획'이 주는 기쁨이다

일정계획은 단순한 약속을 기억하기 위해 수립하는 것이 아니라 미
래의 한 시점을 약속하는 것이다. 즉, 일정계획은 미래를 계획하고 관
리하는 것으로 계획을 추진하여 목표를 달성하는 날을 프로세스별로
나타낸 것이다. 회사나 조직 단위에서 일을 추진할 경우, 일반적으로
마지막에 '추진 일정계획'이라는 일정 관리가 따르고 이 일정에 맞추어
모든 사람들이 맡은 업무를 동시에 추진한다.

**개인도 마찬가지로 일정계획 자체가 미래의 계획이자 목표이다. 일
정계획이 없으면 아무 하는 일 없이 무료한 시간을 보내거나 무의미한
일들을 그냥 건성으로 하게 된다. 사람이 살아가는 데 있어서 미래에
대한 계획이 없다는 것은 너무 불행하다. 행복해지기 위해서는 일정
을 잘 관리해야 한다.**

어느 정도 골프를 쳐본 사람이라면 골프 라운드 계획이 일정에 반영
되어 있다면 뭔가 행복한 느낌이 든다. 그리고 그 일정을 잘 완수하기
위해 준비를 한다. 비즈니스 차원이냐 친선이냐에 따라 거기에 부합한

준비를 해야 한다. 선물은 뭘 준비를 할지, 어떠한 멘트를 준비하여 상대의 호감을 살지, 이동에 따른 카풀은 어떻게 할지, 식사는 어디에서 하는 것이 좋을지 등을 사전에 생각을 해보고 계획을 세워야 한다. 물론 필드에 나간 지가 오래되었다면 연습장에 가서 미리 스윙 연습을 하는 것도 사전에 필요하다. 이러한 사전 준비가 바로 적정한 신체적 긴장감과 즐거움을 가져올 수 있다.

아르헨티나 국적으로 미국에서 영화배우 활동을 한 린 피터스Lyn Peters는 "행복은 내가 갖지 못한 것을 바라는 것이 아니라 내가 가진 것을 즐기는 것이다"라고 이야기하였다. 이미 계획된 내 일정을 즐기기 위해 사고하고 노력하는 것 자체가 바로 행복이다.

사람들이 추구하는 목표가 얼마나 강하게 자신의 흥미나 가치와 일치하는지를 고려하는 것을 자기 일치self-concordance라 한다. 사회적 책임이나 압박에 의한 계획보다는 자율적으로 설정한 계획이 본질적인 흥미를 유발하기 때문에 목표를 달성할 가능성이 높고 달성을 못해도 행복하다. 왜냐하면 목표를 향하여 노력하는 과정이 즐겁기 때문이다.

26

못다 한 이야기

"골프는 배우면 배울수록 배울 것이 많아진다."

- 앨즈워드 바인즈 -

스윙에 필요한 여백의 미

　여백餘白은 화면에서 그림이나 글씨 등 묘사된 대상 이외의 아무것도 그려지지 않은 빈 공간을 말한다. 아무것도 그려지지 않은 빈 공간으로서의 여백은 작품의 전체적인 구도 속에서 균형과 비례, 공간감 등을 만들어낸다. 작품을 구성하는 여러 조형 요소들이 통일감 있고 조화롭게 화면을 구성하는 데에는 여백이 필수적이다.[116] 신문광고와 동양화 등에서 '여백의 미'를 활용하여 광고주나 작가가 의도하는 바를 소비자 혹은 관람객에게 전달하는 경우를 심심치 않게 접할 수 있다.

　'여백의 미'에서 '여백'은 2차원적 평면에서의 표현이며 이를 3차원적으로 해석을 하면 '공간'을 의미한다. 골프에서도 이러한 여백의 미가 필요하다. 특히 다운스윙에서 공간 창출이 필수적으로 수반되어야 한다. 골프 스윙은 몸 앞에 클럽이 지나가는 공간을 만들어 주어야 스윙이 부드럽게 이어진다. 프로들의 스윙을 자세히 보면 다운스윙 시 오른쪽 무릎이 앞으로 나가지 않고 왼쪽으로 회전하는 것을 볼 수 있는데, 이는 무릎이 앞으로 나가면 공간 창출에 방해가 되어 스윙 궤도가 어긋나기 때문이다.

집안에 마련된 필자의 아지트 서재는 넓은 책상에 노트북과 24인치 TV가 있어 책 읽고, 글 쓰고, 스포츠 중계와 뉴스 시청 등 나만의 활동을 즐기기에 적당한 공간이다.

골프뿐만 아니라 인생을 살면서도 여백의 미를 가질 필요가 있다. 자기만의 생각을 정리하고 자기 자신을 되돌아볼 수 있는 시간적 여유와 더불어 혼자서 무언가를 할 수 있는 공간인 아지트 하나 정도는 마련해 두는 것이 필요하다. 그것이 휴식, 공부, 취미활동 등 어떠한 형태이든지 간에 재충전할 수 있는 적당한 여유나 공간을 갖지 못한다면 일상의 삶에 일찍 지칠 수가 있어 멀리 가질 못한다.

골프는 그 자체로 일상에서 여백의 미를 창출할 수 있는 운동이어서 좋다. **일과 생활의 균형, 워라밸**work and life balance**이 의미하는 바와 같이 부킹에서의 설렘이 야외 필드까지 이어지고, 혼자서 할 수 있는 일정한 연습 등 일 이외의 영역에서 에너지와 시간을 적절히 배분해 삶을 스스로 통제하고 조절해 만족스러운 상태를 유지하게 하는 장점이 있는 운동 중 하나이다.**

스코어 편차에 도전

골프를 칠 때마다 기량이 향상되어 스코어가 줄어들어 3년 안에 모두 비슷한 수준이 된다면 재미가 없어서 아무도 골프를 치지 않을 것이다. 골프를 쳐보면 다른 사람과 실력 차이도 있고 개인의 스코어에도 편차가 있다. 스코어 편차는 개인의 핸디캡에서 어느 정도 벗어나는 것으로 샷이 일정하지 않아 타수가 들쭉날쭉하다는 것이다. 고수일수록 낮은 핸디캡에 편차가 적고, 하수일수록 높은 핸디캡에 편차가 크다. 주말 골퍼의 경우 평균 핸디캡에서 ±10 정도의 편차가 발생하는 경우도 비일비재(非一非再; 하나둘이 아니라 수두룩함을 가리킴)하다.

골프를 치게 되면 계속 치고 싶은 마음이 생기는 것은 이러한 편차를 줄여보겠다는 목표, 즉 인간 본연의 도전 심리가 작용하는 것도 한 가지 이유이다. 골프에서 스코어 편차가 발생하는 이유는 두 가지이

골프에 비즈니스적 해석을 담다

다. 하나는 외부 요인인 경기장 환경이고 다른 하나는 내부 요인인 개인차이다.

　외부 요인 중에는 경기장 여건이 중요하다. 모든 운동경기는 일정한 규격을 갖춘 경기장에서 경기한다. 축구, 핸드볼, 양궁, 수영, 육상 등 다른 운동을 일일이 열거하지 않더라도 종목별로 경기에 대한 규칙을 정하고 규칙에 부합한 규격장소에서 경기한다. 골프는 코스가 있지만 자연 친화적인 곳에서 경기를 하며 골프장마다 코스 설계가 달라서 난이도나 거리가 다르다. 또한 동일한 골프장이라도 매번 티잉 구역이나 그린의 핀 위치가 조정되어서 골퍼가 매번 정확히 샷을 하더라도 친볼이 떨어지는 곳은 일정하지 않고 결과를 정확히 예측할 수도 없다.
　같은 골프장에서 수십 번 경기를 해도 코스 세팅에 따라 시야나 거리가 달라져서 스코어가 칠 때마다 달라진다. 실내 연습장에서는 잘치는데 필드에 나오면 안 맞는다는 것은 바로 이러한 차이점이 존재하기 때문이다. 필드에서는 발의 스탠스를 두는 장소가 평평한 곳이 거의 없다고 보아도 무방하다. 이렇듯 외부 환경이 스코어 편차를 발생시키는 요인이 된다.

　스코어 변동 폭이 큰 다른 이유는 골퍼 개인이 발생시키는 편차이다. 아마추어 골퍼의 경우 개인의 샷이 일정하지 않아 타수가 들쭉날쭉하다는 것이다. 탁구, 야구, 테니스 등 다른 구기 종목은 움직이는 볼을 치는 것이나 골프는 정지된 볼을 골퍼의 의지대로 치는 것임에도 불구하고 편차가 발생한다. 또한 배구, 축구, 농구처럼 볼의 진로를 가로막는 상대방이나 네트가 방해하는 경우가 있는 것도 아니고 골프는 방해받는 것이 없이 오직 골퍼 자신과의 경기임에도 샷의 일정함을 유지하기가 매우 어렵다.

이러한 개인차를 줄이기 위해서는 지속적인 연습이 필요하다. 핸디캡 대비 편차가 큰 사람은 아무래도 연습이 부족한 데서 그 원인을 찾을 수가 있다. 작은 물줄기가 모여 큰 강을 이루듯이, 지속적인 연습이 모여서 핸디캡 편차를 줄일 수 있으리라 본다.

골프 방송에서 남녀 아마추어 우승자 두 사람을 초청해 공 잘 치는 방법에 대해 의견을 물었는데, 결론은 반복적인 훈련, 즉 연습만이 살길이라는 이야기를 계속 강조하였다. (Jtbc TV 2022.5.9.)

생애 기억할 만한 라운드를 누구와 함께

골프를 치다 보면 기억할 만한 라운드 경험이 몇 번 생긴다. 그날 공이 잘 맞았다든지, 좋은 골프장에 초대를 받았다든지, 동반자가 좋았다는 등의 이야기일 수도 있지만, 여기에서는 주말 골퍼라면 누구든지 반드시 기억이 되는 기념될만한 날을 이야기하고자 한다.

가장 설레고 걱정도 많이 되며 필드에서 실수도 너무 많이 하여 기억에 남는 라운드가 처음으로 필드에 나가는 날이다. **처음 필드에 나갈 때는 같이 라운드를 나가는 동반자의 정성과 관심이 중요하다.** 자주 필드에 나가다가 보면 아무 일도 아닌 일상으로 여겨지는 것이 처음에는 전부 생소하고 신기하게 여겨지기 때문이다. "비행기 탑승 시 신발을 벗고 타라"라고 하면 자주 타는 사람은 우스갯소리로 알지만, 처음 타는 사람은 신발을 벗고 탈지도 모른다는 생각으로 라운드에 필요한 준비물과 클럽하우스에서의 프로세스를 상세히 안내해 줄 필요가 있다.

간혹 만나서 공을 치는 한 분은 30여 년 전 처음 필드에 나갈 때 아무도 가르쳐 주는 사람이 없어서 집에서부터 골프 복장에 골프화를 신고 갈아입을 옷이나 언더셔츠 없이 갔다고 한다. 그날 골프가 끝나고 전부 샤워를 하러 가는데 본인은 땀 냄새 나는 옷을 계속 입고서 남의 시선을 피한다고 상당히 애를 먹었던 적이 있었다고 이야기하는 것을 들은 적이 있다.

다음으로 공을 치면서 생애 기억할 만한 라운드라 하면 첫 싱글*, 첫

---

*　싱글: 싱글 디지트 핸디캐퍼(single digit handicapper)를 줄인 것으로 기준 타수보다 9타를 넘기지 않은 스코어

이글, 홀인원, 사이클 버디* 이 네 가지 정도이다. 집안에 이 네 가지 기념패를 소장하고 있다면 골프를 치면서 이룰 것은 다 이루었다고 이야기들을 한다.

2018년 10월 10일 경기 용인 화산CC에서 홀인원을 했다. 한 달 후쯤 동반자들이 기념패를 만들어 필자(우측)를 축하해주었다. (2018.11.5.)

필자의 경우 첫 싱글 기념패, 홀인원 기념패, 생애 최저타(74타) 기념패 이 세 가지를 동반자들로부터 받은 적이 있다. 첫 이글은 이글이 무엇인지 그것이 대단한 것인지도 모르는 초보자들과의 함께 골프를 치다가 이글을 하는 바람에 기념패를 받지 못했다. 이것에 대해서는 지금까지도 약간의 아쉬움이 남아 있다. 그래서 가끔 동반자를 잘 만나는 것도 복이라는 이야기를 한다.

---

*   사이클 버디: 파 3, 파 4, 파 5, 이 3종류의 홀이 연이어지는 홀에서 연속 버디를 잡은 경우다. 물론 홀의 순서는 상관없다.

골프에 비즈니스적 해석을 담다

라운드 도중에 생애 기억할 만한 이벤트가 발생했을 때, 이전에 홀인원이나 이글 등을 했던 적이 있는 경험 있는 사람들과 골프를 쳤다면 제대로 된 축하를 받을 것이고 좋은 추억이 남는 기념행사도 함께 가질 수 있을 것이다. 세상살이가 다 그러하듯이 자기보다는 조금 더 잘 나가거나 지식이나 경험이 많은 사람과 함께 다녀야 뭔가는 배울 것이 있는 것이다.

먼저 골프를 배웠다고 반드시 골프에 대해 제대로 안다고 할 수는 없다. 골프 실력은 물론이고 경기규칙 등 이론적 지식도 풍부하고 매너 있고 고품격의 여담을 주고받는 사람과 동반 라운드를 하게 되면 배울 것이 많아서 다른 사람과 다른 곳에서 라운드할 때도 도움이 된다.

에필로그

2015년에 출생한 손자 '민재'의 이름은 2019년 책을 출간할 때 헌정사에 넣었다. 그런데 그 이후에 둘째 손자 '민호'가 태어났다. 먼 훗날에 '민호'가 할아버지 책에 자기 이름이 없다면 얼마나 섭섭하게 생각할까 마음에 부담이 있었는데, 이번에 이 책을 출간하게 되면서 헌정사에 '민호' 이름을 넣게 되어 다행스럽게 생각한다.

골프에 대해 나름대로의 지식을 정리해보자는 목표를 정하고 글을 쓰기 시작하자 목표달성에 몰입을 하여 낮과 밤이 바뀌어서 체력적으로 힘이 들었다. 아무래도 밝은 낮에는 개별 약속, 먹거리 쇼핑, 가족 모임과 대화, 전화와 SNS, 일상 소통 등 집중력을 저하시키는 요소가 많아 상대적으로 방해를 받지 않는 밤에 생각을 모아 글을 쓰기가 용이했다.

2022년 2월 정기건강진단에서 오른쪽 눈의 시력이 전년 측정치보다 현저히 떨어졌다는 것을 알았다. 그래서 그런지 돋보기안경을 쓰고 원고를 작성하면서 눈이 쉬이 피로해지고 컴퓨터를 오랫동안 보기가 어

골프에 비즈니스적 해석을 담다

렵다는 것을 느꼈다. 참고문헌에 나오는 작은 글씨를 읽으면 시간이 얼마 지나지도 않았는데 눈물이 난다. 안구 역시 60세까지 사용하라고 조물주가 내용연수를 정해준 것인데 이를 초과해서 혹사하여 이런 현상이 일어나는 것이라 생각하니 세월의 무상함을 다시 한번 느낀다.

항상 이야기하지만 '노력의 끝'이란 자신이 그린 그림을 완성하는 것이다. 누구나 나름대로 노력하지만 끝을 볼 수 있어야 노력다운 노력인 것이다. 신체적인 부조화에도 불구하고 나는 내가 그린 그림인 열 번째 책을 만들게 되어 이 순간 무척 행복하다.

미국의 천문학자로서 우주과학자이자 작가인 칼 세이건Carl Edward Sagan은 "책을 통해 천 년 전의 사람의 목소리를 들을 수 있고 책을 읽는 것은 시간을 여행하는 것이다"라고 하였다. 책은 당대의 지식이나 정보 등을 유형별로 모아놓은 기록이지만 상당한 기간 동안 후대에 전달되어 읽힘으로써 시간의 유한함을 극복할 수 있게 해준다.

서재 책장 몇 칸을 차지하고 있는 내가 이미 출간한 책들을 가끔 펼쳐보면 행간마다 그동안 치열하게 살아온 인생 전체가 주마간산(走馬看山:달리는 말 위에서 산천을 구경함)처럼 스쳐 지나간다. 지나간 날들의 추억과 함께 잊고 살았던 기억들이 되살아난다. 좋은 추억 나쁜 기억 모두가 내 인생의 일부분을 구성하는 조각들이었다. 어떻게 보면 내가 출간한 책은 그동안 치열하게 살아온 인생의 과정을 2~3년 단위로 기록으로 일단락하고 다음으로 나아가는 과정의 결과물을 의미하는 것이다.

책을 출간하면 몇 년 동안 쌓여온 머릿속 지식을 기록으로 정리해 복잡한 머리를 리셋할 수 있어서 좋다. '언젠가는 정리해야 하는데'라면서 묵혀 놓았던 짐을 정리한 후련한 기분이 드는 기쁨이 있다. 비워야 새로운 것을 채울 수 있듯이 앞으로 몇 년은 홀가분한 마음으로 다시 새로운 무언가를 모색할 수 있을 것 같다. 그 새로운 주제가 무엇이 될지는 몰라도 말이다.

친구에게 받은 글 중 공감이 가는 이야기가 있다.

"칠십을 산 노인이 중얼거렸다. 춤출 일 있으면 내일로 미뤄 두고, 노래할 일 있으면 모레로 미뤄 두고, 여행하고 친구들 만나는 모든 좋은 일은 좋은 날 오면 하마하고 미뤘더니 가쁜 숨만 남았다."

여건이 되면 하겠다는 것은 결코 이룰 수 없다는 교훈이 담긴 말이다. 골프도 여건이 되면 하겠다고 생각하면 결국에는 '가쁜 숨'만 남을 수 있다. 2019년 겨울에 아이언을 치다가 뒤땅을 한번 친 일이 있는데, 그날 이후 그것이 원인이 되어 가끔 왼 팔목이 아픈 경우가 있다. 몸이 아프면 공을 칠 수가 없다. 앞으로 5년이 될지 그 이상 언제까지 골프를 치게 될지 모르지만, 그때 가서 후회하지 않기 위해 불러줄 때 열심히 골프 모임에 참석해야겠다.

골프에 비즈니스적 해석을 담다

부록: 이 책에 인용된 경영관련 개념

기대이론expectancy theory 1-1

스트리밍 라이프streaming life 1-2

구독경제subscription economy 1-2

연출된 감정displayed emotion 1-3

대조효과contrast effects 1-3

선제전략front loading innovation 1-4

레버리지 효과leverage effect 1-4

자기 효능감self efficacy 1-4

강화이론reinforcement theory 1-5

소크라테스Socrates 방법 1-5

태도attitude 1-6

인지부조화cognitive dissonance 1-6

선택적 지각selective perception 2-7

에릭슨Erik Erikson 발달단계 이론 2-7

공정성이론equity theory 2-9

창의성의 세 가지 구성요소 모델 2-10

골프에 비즈니스적 해석을 담다

미주

1   경기일보(2013.9.3.) "골프여제 박인비, 골프 시작 계기가 박세리의 하얀 발 때문"

2   파이넨셜뉴스(2021.11.1.) "골프 치는 직장인 절반은 경제적 부담 느낀다."

3   네이버 지식백과(2022.2.10.) 기대이론 [expectancy theory of motivation]

4   충청뉴스(2018.4.12.) "골프존, 2017 대한민국 골프 인구 조사 결과 발표"

5   한국여자프로골프협회 홈페이지(2021.11.30.) klpga.co.kr

6   SBS 뉴스(2021.6.23.) "레슨비 없어 골프 포기할 뻔한 박민지"

7   골프청년(2021.6.5.) blog.naver.com/shim4347/222386271457

8   한국경제신문(2021.3.18.) "골프장 갈 때마다 1인당 21만 8,000원 썼다"

9   네이버 지식백과(2022.2.11.) 스트리밍 라이프 [Streaming Life]

10 최인철, 나를 바꾸는 심리학의 지혜 프레임, 21세기북스(2008), p.199.

11 이시형 외 1인, 인생내공, 위즈덤하우스(2014), p.122.

12 파이낸셜뉴스(2021.11.1.) "골프 치는 직장인 절반은 경제적 부담 느낀다."

13 조선일보(2018.9.15.) "태릉에서 신을 찾기 전 영숙이 이모 먼저 찾는다"

14 골프타임즈(2019.12.13.) "골프 경기력의 구성요소"

15 문화체육관광부 홈페이지(2021.5.24.) "활기찬 스포츠"

16 S. P. Robbins 외 5인, 조직행동론, 피어슨에듀케이션(2014), p.118.

17 몬스터짐(2021.11.14.) "세계 랭킹 2위 고진영의 자기반성, 내가 너무 거만했었다."

18 서광원, 시작하라 그들처럼, 흐름출판(2011), pp.18-21.

19 이순룡, 현대품질경영, 법문사(2012), p.440.

20 김홍구, 골프란 무엇인가, 한국경제신문(2016), pp.57-61.

21 위키백과(2022.2.6.) ko.wikipedia.org/wiki/자기_효능감

22 조정민, 고난이 선물이다, 두란노서원(2019), p.133.

23 골프한국(2202.8.24.) "한성진박사의 왜 '긍정적인 반복 연습'이 중요한가?"

24 네이버 지식백과(2022.2.13.) 강화이론 [強化理論, reinforcement theory]

25 J. Laurentino, The Negotiable Golf Swing, Mountain Lion(2008), pp. 191-196.

26 서울경제(2021.11.18.) "잘 나갈 때 멈추면 안 돼"

27 네이버 국어사전(2022.2.15.) 소크라테스방법(Socrates方法)

28 임종원 외 3인, 소비자 행동론(제 3판), 경문사(2010), p.99.

29 스티븐 로빈스 외 5인, 조직행동론, 피어슨에듀케이션코리아(2014), pp.78-79.

30 나무위키(2022.2.15.) namu.wiki/w/인지부조화

31 성균관 '명륜당'에 올라온 강의내용 중 '이민수' 해설(2008.10.30.)

32 www.golfwrx.com(2020.10.16.) "The average driving distance for male amateur golfers by age"

33 김난도 외 9인, 트렌드코리아 2022, 미래의 창(2021), pp.304-322.

34 Jonathan Rauch(김고명 옮김), 인생은 왜 50부터 반등하는가, 부키(2021)

35 한경혜, 서울대 인생대학 '세월과 마음' 강연 내용(2017.10.23.)

36 레저신문(2017.9.13.) "고령화 사회에 대비한 골프의 역할"

37   손무(차평일 옮김), 손자병법. 동해출판(2006), p.412.

38   이토 아키라 외 1인(이선희 옮김), 이제는 절대로 심리전에서 밀리지 않는다, 바다출판사(2017), pp.131-132.

39   매일경제(2021.9.18.) "주말 골퍼 5타 줄였다....비결 알고 봤더니."

40   마니아타임즈(2021.7.5.) "타이거 우즈의 우승이 새삼스럽지 않은 이유는?"

41   위키하우(2022.1.26.) ko.wikihow.com/골프-핸디캡-계산하는 방법

42   JTBC GOLF(2021.9.7.) "데뷔전 꼴찌 윤석민의 진심, 프로 향한 도전은 계속된다."

43   GOLF KOREA TV(2020.6.9.) "에니카 소렌스탐의 퍼팅"

44   위키백과(2022.1.26.) ko.wikipedia.org/wiki/조직공정성#cite_note-8

45   KBS1 TV(2022.1.13.) "30년 성장률 추락의 비밀"

46   조선일보(2021.7.20.) "살짝 열린 문이 닫기 쉽듯 아이언샷도 닫고 쳐라."

47   T. M. Amabile, Motivating Creativity in Organizations: On Doing What You Love and Loving What You Do, California Management Review 40, no.1(Fall 1997), pp.39-58.

48   tvN TV(2021.9.11.) "아큐정전 해설"

49   장원일, 핵심고사성어, 미래사(2021), pp.210-211.

50   이승주, 전략적 리더십, 시그마인사트컴(2005), p.74.

51   최영준, "왜 타인의 불행에서 기쁨을 느낄까?", KISTI의 과학향기 제3505호(2020.2.5.)

52   티파니 와트 스미스(이영아 옮김), 위로해주려는데 왜 자꾸 웃음이 나올까, 다산초당(2020), pp.32-33.

53   OSEN(2021.6.20.) "사실은 미스샷이었다."

54   문화일보(2018.11.2.) "한 홀서 18타 치고도 당당했던 프로정신"

55   네이버 지식백과(2022.9.6.) 자왈: "지지자불여호지자, 호지자불여락지자."

56   한경비즈니스(2012.2.3.) "운이 좋은 사람이 되려면"

57   골프다이제스트(2022.8.3.) "국대 출신 황유민, 프로 데뷔 세 번째 대회 만에 첫 승"

58   헤럴드경제(2021.12.13.) "올해 상금 10억 이상 한국인 골퍼 10명"

59   리차드 탈러 외 1인(안진환 옮김), 넛지, 웅진씽크빅(2010), pp.61-62.

60   대한골프협회 홈페이지(http://www.kgagolf.or.kr/GolfRule/GolfRule.aspx)

61   테드 창(김상훈 옮김), EXHALATION(숨), 엘리(2019), p.49.

62   매일경제(2021.4.3.) "골프공 날리고 망연사실한 이유"

63   이용훈, 초보 골프 교실, 골프아카데미(2016), pp.39-41.

64   한국경제(2022.3.2.) "질주하는 타이틀리스트...프로 선수 골프공 사용률·우승률 '최고'"

65   골프다이제스트(2022.1.5.) "골프공도 겨울에 추위를 탈까"

66   헤럴드경제(2021.1.5.) "골프공 직경 43mm·홀은 4.3인치 골프 스코어 43%는 퍼팅이 차지"

67   연합뉴스(2021.10.17.) "필드의 구도자 이정민, 완벽한 골프는 없어.... 끝없이 노력해야."

68   매일경제(2012.11.22.) "1m내 숏 퍼팅은 실력보단 배짱"

69   Richard L. Drft(김광섭외 12인 옮김), 조직이론과 설계, 한경사(2013), pp.301-308.

70   아시아경제(2018.9.5.) "Never up, Never in"

71   연합뉴스(2021.10.18.) "야박해도, 후해도 문제가 되는 컨시드"

72 대한골프협회 홈페이지(www.kgagolf.or.kr/GolfRule/GolfRule.aspx)

73 최종진, 골프장 캐디 서비스품질이 운동 몰입과 운동 만족에 미치는 영향, 한국스포츠산업 경영학회지 13권 4호(2008), pp.251-262.

74 세계일보(2021.12.23.) "2021시즌을 빛낸 캐디는?…김용현, 올해의 캐디상 수상"

75 Valarie A Zeithaml 외 2인, 서비스 마케팅, 도서출판 청람(2013). pp.20-24.

76 임종원 외 3인, 소비자 행동론(제3판), 경문사(2010), pp.317-318.

77 한국일보(2021.7.6.) "돈 벌 목적으로만 대회 온다… 전문캐디 향한 김해림의 일침 왜?"

78 충청투데이(2021.7.19.) "구맹주산"

79 조선일보(2021.5.15.) "골프를 몰랐던 캐디, 사랑밖에 몰랐던 골퍼"

80 박세연, 사회적 교환관계 및 정체성 지각이 자발적 협력행동에 미치는 영향, 순천대학교 박사학위논문(2016), p.50.

81 대니얼 카너먼(이진원 옮김), 생각에 관한 생각: 우리의 행동을 지배하는 생각의 반란, 김영사(2012), p.279.

82 이오근, 선진 안전문화로 가는 길, 책과나무(2014), pp.200-202.

83 존 헬리웰 외 2인(우성대 외 2인 옮김), UN 세계 행복보고서 2020, 간디서원(2021).

84 장영광 외 1인, 생활 속의 경영학, 신영사(2012), p.257.

85 네이버 지식백과(2022.9.4.) 규범 [norm]

86 나무위키(2022.1.29.) namu.wiki/w/호손%20실험#fn-5

87 마이데일리(2021.11.24.) "분말로 먹고, 물에 타서 먹고, 씹어 먹고"

88 레저신문(2021.10.6.) "국내 골프장 음식 값 진짜 비싼 이유는 위탁운영 수수료가 가장 큰 원인"

89 김영갑, 선택속성 가치기반콘셉트, 한양사이버대학교 외식산업콘셉터과정 강의내용(2016)

90 박정화, IPA를 활용한 소규모 식당 서비스 선택속성에 대한 연구, 외식경영연구. Vol.13, No.4(2010), p.203.

91 동아일보(2022.4.5.) "세계인 공통 '땀에 젖은 발 냄새 최악'…가장 끌리는 향은?"

92 SBS 뉴스(2019.10.14.) "김치찌개 vs 된장찌개, 한국인이 좋아하는 음식 1위는?"

93 송인옥, 당신 참 매력 있다, 사이다(2019), p.39.

94 네이버 지식백과(2022.1.14.), 티피오[T.P.O]

95 한국경제(2021.7.10.) "줄서도 못 구한다는 롤렉스…. 매장 직원이 알려준 득템 노하우."

96 네이버 두산백과(2021.12.20.), 메라비언의 법칙 [The Law of Mehrabian],

97 조선일보(2021.7.7.) "한뼘 치마, 명품 도배, 등산복…. 당신도 혹시 꼴불견 골퍼?"

98 박세연, 리더들이여 CEO처럼 생각하라, 북랩(2019), p.244-245.

99 네이버 지식백과(2017.4.21.) 디지털 전환[Digital Transformation]

100 조선일보(2021.12.12.) "디지털 고려장으로 떠밀려가는 노인들"

101 김재환, 언택트시대에 어울리는 셀프라운드, TWO CHAIRS Vol 51(2021), pp.98-101.

102 김상균, 게임 인류, 뭉스북(2021)

103 조선일보(2022.5.19.) "골프인구 560만 시대…. 삼성·LG전자도 뛰어들었다."

104 워렌 베니스 외 1인(김원석 옮김), 리더와 리더십, 황금부엉이(2007), p.270.

105 박세연, 리더들이여 CEO처럼 생각하라, 북랩(2019), pp.8-9.

106 네이버 지식백과(2014.4.15.) 변화 관리와 성과 관리: 비즈니스혁신의10대경영도구

107 스티븐 로빈슨 외 5인, 조직행동론, 피어슨에듀케이션(2014), p.596.

108 네이버 국어사전(2022.8.29.) 리더십 귀인이론[attribution theory of leadership]

109 폴커 키츠 외 1인(김희상 옮김), 마음의 법칙, 포레스트북스(2022), p.28.

110 중앙선데이(2022.2.5.) "골프 룰은 책 아닌 마음 속에 있다....'내로남불' 이제 그만."

111 나무위키(2022.4.30.) https://namu.wiki/w/권력

112 중앙일보(2022.8.18.) "PGA 펄펄 난 김주형, 세계 19위 도약....한국 골퍼 중 최고."

113 닥터스토리(2021.12.21.) https://story.kakao.com/ch/doctorstory

114 소노 아야코(김욱 옮김), 약간의 거리를 둔다, 도서출판리수(2018), pp.119-121.

115 조선일보(2021.8.26.) "자주 어울려야 안 늙는다."

116 네이버 지식백과(2022.5.13.) 여백 [餘白]